흔한 재료,
흔치 않은 이야기

뜻밖의 음식사

지은이 **김경훈**

1965년 강릉에서 태어나 서울대학교 경영학과를 졸업했다. 그는 전공과는 무관하게 학창시절 교내에서 문학연구회 활동을 하는 한편, 대학 연합체인 문학동아리를 창설하면서 문화운동에 적극적으로 가담했다. 한국인의 삶과 그 원형에 대해 지속적인 관심을 갖고 있던 그는 지난 2005년 ≪뜻밖의 한국사≫를 펴내 우리 역사의 시시콜콜한 이야기를 많은 이들과 함께 나누었다.

'국내 트렌드 분석가'로 잘 알려진 그는 우리 문화에 대한 꾸준한 관심과 해박한 지식을 바탕으로 인문사회 부문의 베스트셀러를 잇따라 발표했다. 1994년에는 ≪한국인 트렌드≫로 전경련에서 주는 '자유경제출판문화상'을 수상하기도 했다.

저서로는 ≪한국인 트렌드≫ ≪한국인의 66가지 얼굴≫ ≪10일 만에 배우는 경제학 2000년≫ ≪뜻밖의 한국사≫ 등이 있다.

흔한 재료, 흔치 않은 이야기
뜻밖의 음식사

초판 1쇄 인쇄 | 2006년 05월 04일
초판 1쇄 발행 | 2006년 05월 08일

지은이 | 김경훈
책임편집 | 김은희
디자인 | 유정화
일러스트 | 손준혁
펴낸이 | 최순철
펴낸곳 | 오늘의책

주소 | 서울시 마포구 합정동 412-26호 2층
전화 | 322-4595~6
팩스 | 322-4597
전자우편 | tobook@unitel.co.kr
홈페이지 | www.todaybook.co.kr
출판등록 | 1996년 5월 25일(제10-1293호)

ISBN 89-7718-261-1 03900

흔한 재료,
흔치 않은 이야기

뜻밖의 음식사

김경훈 지음

오늘의책

머리말

바야흐로 세계 속으로 한국문화가 진출하고 있다. 그 어느 때보다 한국 인들의 자긍심이 높아지는 것을 피부로 느낄 수 있을 정도다. 나는 그 선두에 음식문화가 있어야 한다고 믿는다. 세계적인 문화선진국을 떠올려 보라. 그 나라를 대표하는 음식과 음식문화가 자연스럽게 머릿속에 그려질 것이다. 우리의 음식문화가 그만 못하랴!

나는 우리의 음식문화가 세계적으로 발돋움하기 위해서는 두 가지 요소가 첨가되어야 한다고 생각한다. 그 하나는 색으로 대표되는 멋, 두 번째는 음식과 함께 떠올릴 수 있는 풍부한 이야기다. 단지 맛만 가지고는 지구촌 200여 개국의 다양한 음식들의 차별성이나 경쟁력을 논할 수는 없기 때문이다.

먼저 멋에 대해서 이야기를 하자면, 디자인이 라이프스타일을 바꾸는 시대라는 점에 주목해볼 수 있다.

손톱깎기가 아니라 네일 아트가 뜨고, 10살만 넘어가면 패션을 고민하는 아이들이 넘쳐나며, 많은 사람들이 자기만의 개성을 디자인으로 표현하고 싶어한다. 음식도 예외는 아니다. '보기 좋은 떡이 먹기도 좋다'는 속담은 지구촌의 음식문화를 가장 정확하게 표현하는 말이 되었다. 네티즌들은 '먹기 아까운' 예쁜 음식에 열광한다. 음식 디자인은 예술가들의 몫이 되고 있다.

그런데 수천 년 역사를 함께해온 우리네 음식소재들, 토종 자연의 에너지를 한껏 뿜내는 제철 먹을거리들만큼 컬러풀하고 청아한 색과 디자인을 자랑하는 것도 없다. 그들은 기나긴 세월과 역사의 먼지들을 털어내며 해마다 새로 태어나서 해마다 새로 아름답다. 이제 우리네 먹을거리의 맛뿐만이 아니라 색에도 관심을 가질 때다.

그래서 이 책에서는 수천 년 동안 우리가 먹어온 음식소재들을 블루, 레드, 옐로우, 화이트&블랙으로 나누어보았다. 그 색들은 이 땅에 살아온 수천 년의 역사 동안 한국인의 일부가 된 것들이다. 예컨대 팥의 붉은

색은 벽사(僻邪, 나쁜 기운을 물리침)의 상징으로, 동지 팥죽이 되어 원귀를 쫓고 양의 기운을 북돋는 역할을 하며, 선덕여왕을 사모하던 지귀라는 이가 죽어 원귀(원한을 가진 귀신)가 되었을 때 액땜을 하는 데 쓰였다.

팥은 그냥 팥이 아니며, 팥의 붉은색은 그냥 레드가 아니다. 팥뿐만이 아니라 이 땅에서 나는 모든 음식소재들의 색은 한국인의 삶과 가치를 표현하는 색이 되고, 우리네 음식문화를 풍부하게 하는 하나의 상징이 된다.

두 번째로 관심을 가져야 할 것은 이 땅의 음식소재들이 저마다 품고 있는 풍부한 이야기들이다.

음식에 대한 관심이 커지면서 이미 수많은 요리서들이 양산되었다. 맛있는 음식을 만들기 위한 방법은 그 책들 속에, 혹은 이름난 요리사나 음식점 주인들의 머릿속에 다 있다. 그런데 정작 그 음식들이 갖고 있는 덩굴처럼 얽힌 이야기들은 점점 잊혀져 가고 있다. 한국인과 함께 수천 년을 호흡하면서 삶과 역사에 남긴 다양한 이야기들은 그 음식들에 새로 눈뜨게 하고, 맛에 더하여 세월의 깊이를 새겨줄 터인데도 말이다.

예컨대 한국이 ‘머루’로 인해 세계 3대 자연산 포도 생산지의 하나이고, 강원도 영월로 유배간 단종의 영정에 포도가 등장하는데 그것이 바로 머루이며, 그것을 바친 이는 사육신 못지않게 단종의 축출을 애달파하던 전직 한성판윤이었다는 이야기들을 우리는 기억해내야 한다. 이야기 속에서 맛을 떠올리고, 그럼으로써 하나의 음식은 역사가 되고 삶이 된다.

　지난 책 ≪뜻밖의 한국사≫가 뜻밖의 사랑을 받게 되어 기쁘다. 비록 역사 전공자는 아니지만 우리 역사가 갖고 있는 이야기들에 매료된 나의 즐거움을 같이 나누는 사람들이 많아져서 기쁘다. 그래서 이번에는 이 변화의 세기, 세계화의 시대에도 가장 변하지 않고 오래오래 우리를 즐겁게 해주는 우리의 ‘혀’와, 그 혀가 빚어낸 음식 이야기를 공유하고 싶다. 이런 뜻에 흔쾌히 동의하는 독자라면 나에게 좀 더 맛있는 이야기가 담긴 음식들을 많이많이 소개해주지 않을까 하는 속내도 품고 말이다.

김경훈

··· 뜻밖의 음식사 목차

프롤로그

1장 블루 blue

2장 레드 *red*

3장 옐로우 *yellow*

4장 화이트 & 블랙 white & black

알아두면 대화의 반찬이 될 기네스 음식사

'목구멍이 포도청捕盜廳'이라는 속담은 배가 고프면 못할 짓이 없다는 뜻을 가지고 있다. 일반 백성들로서는 하다못해 포도청의 졸개인 포졸이 한마디만 해도 꼼짝없이 따라야 했던 시절의 이야기니, 목구멍이 뭔가 먹을 걸 달라고 졸라대는 것이 포도청의 호령소리만큼 무서웠다는 비유다.

물론 다른 한편으로는 '산 입에 거미줄 치랴'는 배짱도 가지고 살았고, 사는 일이 고달파도 '개살구도 맛들일 탓'이라며 모든 일이 자기 하기 나름이라는 처세술도 익혔다.

한국에는 음식에 대한 속담, 혹은 음식에 비유한 속담이 참 많다.

계절을 맛에 비유한 멋진 표현이 있으니 '밥은 봄같이 먹고, 국은 여름같이 먹고, 장은 가을같이 먹고, 술은 겨울같이 먹으랬다'라는 것이다. 따뜻한 봄과 밥을 대비시키고, 뜨거운 여름 날씨는 국에, 고추장·된장·막장 등 장류는 서늘해야 제맛이 나니 가을이며, 술은 차게 마셔야 하니 겨울 같아야 한다며 사계절과 음식을 재치있게 엮어냈다.

그런가 하면 비를 보면서도 음식을 생각했으니 '봄비는 쌀비'라고 해서 가뭄을 해갈하는 봄비를 반갑게 받아들이고, '가을비는 떡비'라면서 추수에 바쁜 계절에 비라도 오면 집에서 떡이나 먹어야 한다는 너스레도 떨었다. 또 오랜 관찰과 경험의 결과를 해학적으로 표현하기도 했으니 '8월 그믐게는 꿀맛이지만 보름 밀월게는 개도 눈물 흘리며 먹는다'고 하였다. 음력 8월이 제철인 게라고는 하지만 보름달이 훤히 뜨면 천적들이 무서워 활동을 못하니 껍데기만 남은 게를 보며 개도 눈물 흘린다는 식으로 표현하고 있다.

오늘날 우리는 오랜 전통과 새로운 문물의 퓨전 식단을 갖고 있다. 그렇다면 삼국시대에는 어땠을까? 그 옛날과 지금 사이에 우리 식단에는 어떤 변화들이 있었고, 어떤 경로를 거쳐 우리의 식단들이 꾸며져 왔을까?

이 책은 음식사에 대한 것이지만 그 많은 음식의 역사를 일일이 다 기록할 수도 없고, 그럴 재주가 있는 것도 아니어서 이 땅에서 나는 26가지의 음식 재료를 다루고 있다. 그래서 앞머리에 고대부터 현재까지의 음식 변천사를 흥미로운 사실 위주로 한번 훑어보고 가는 것도 의미있는 일이지 싶다. 이름하여 '음식사 기네스'인데, 우리 식탁의 주요한 변화를 시대별로 다루어 보도록 하자.

1. 오곡이 풍성하다고 할 때의 오곡이란 무엇일까?

여러 가지 이야기가 있지만 근대에 와서는 쌀, 보리, 조, 콩, 기장의 다섯 가지 곡물을 가리키는 말이 오곡이다. 우리 식단에서 가장 많이 쓰이는 곡물 다섯 가지다. 그런데 예전에는 좀 달랐다.

- ≪삼국사기≫ 중 금와왕 이야기

금와왕(고구려 시조 동명성왕의 아버지)이 아직 부여의 태자일 때의 일이다. 하루는 신하인 아란불이 말하길 "꿈에 하나님이 나타나 '동쪽 바닷가에 가섭원迦葉原이라는 땅이 있는데, 토양이 비옥하여 오곡五穀이 잘 자라나 도읍할 만하다'고 하였습니다"라고 말했다. 이에 금와왕은 아버지 해부루(부여의 왕)를 떠나 가섭원에 가서 나라를 세웠으니 이것이 바로 동부여다.

여기서의 오곡은 무엇일까? 우리 문헌으로는 찾을 수 없지만 중국의 서적인 ≪후한서後漢書≫, ≪삼국지≫의 위지 동이전 등에 따르면 당시의 오곡은 마麻, 기장, 조, 보리, 콩이었다. 그러니까 고조선 이래 삼국 건국 초기까지의 식탁에서는 쌀이 주식이 아니었다는 사실을 확인할 수 있다. 쌀은 통일신라시대(7세기 이후)를 지나서야 본격적으로 주식이 되었다.

2. 소금장수 출신의 왕?

인류가 소금을 이용한 것은 기원전 6000년 무렵이었다. 수렵과 채집 위주의 고대에는 사실 먹잇감 자체에 소금기가 있었기 때문에 따로 소금을 섭취할 필요성이 크지 않았지만, 곡류와 채소를 먹기 시작하면서는 따로 소금이 필요했다. 그래서 인류는 바다에서, 그리고 소금바위에서 소금을 채취하여 식용했다.

- 고구려 제 15대 미천왕 이야기

미천왕美川王(재위기간 300~332년)은 우리 역사에서 대단히 큰 업적을 남긴 인물이다. 한반도 북동쪽에 있던 위만조선이 기원전 108년 한나라에 멸망당한 뒤 낙랑군 등 한사군으로 편입되었던 것을 수복한 왕이기 때문이다. 그는 기원전 302년에 현도군을 공격해 적 8000명을 사로잡았고, 313년에 낙랑군, 314년에 대방군을 공격해 영토로 삼았다. 그런데 어린 시절 이름이 을불이었던, 그가 한때 소금장수 출신이었다.

이전에 봉상왕이 아우 돌고가 배반할 마음을 가지고 있다고 의심하여 그를 죽이니, 아들 을불은 살해당할 것이 두려워 도망쳤다. 처음에는 수실촌水室村 사람 음모陰牟의 집에 가서 고용살이를 하였는데, 음모는 그가 어떤 사람인지 알지 못하고 일을 매우 고되게 시켰다. 그 집 곁의 늪에서 개구리가 울면 을불을 시켜 밤에 기와조각과 돌을 던져 그 소리를 못 내게 하고, 낮에는 나무하기를 독촉하여 잠시도 쉬지 못하게 하였다. (을불은) 피로움을 이기지 못하여 일년 만에 그 집을 떠나, 동촌東村 사람 재모再牟와 함께 소금장사를 하였다. - 《삼국사기》 중에서

봉상왕은 고구려 14대 왕이다. 미천왕은 그의 동생의 아들, 즉 조카였는데 아버지가 봉상왕에 의해 죽자 도망쳐 소금장사까지 하게 되었던 것이다. 이로 미루어 고구려 시대에도 전국적으로 돌며 소금을 팔러 다니는 장사치들이 일찍부터 존재했을 것으로 보인다.

3. 육포로 구혼을 하다?

고기를 말려서 만든 포脯의 역사는 수렵의 시대로 거슬러 올라갈 수밖에 없다. 사냥한 고기를 저장하기 위해 나뭇가지나 바위에 널어 말려서 보관할 수밖에 없었을 테고, 그것이 바로 포인 것이다. 요즘은 편의점이나 동네 슈퍼마켓 한편에서도 육포들이 손님을 기다리고 있지만, 고기가 귀했던 시절에 포는 꽤 대접받는 음식이었을 것이다. 우리 역사에는 7세

기에 처음 문헌에 나타난다.

> 일길찬 김흠운金欽運의 작은딸을 맞아들여 부인으로 삼았다. 먼저 이찬 문영
> 文穎과 파진찬 삼광三光을 보내 기일을 정하고, 대아찬 지상智常을 보내 납채
> 納采하게 하였는데, 예물로 보내는 비단이 15수레이고 쌀·술·기름·
> 꿀·간장·된장·포·젓갈이 135수레였으며, 조租가 150수레였다.
>
> -《삼국사기》 중에서

조선시대에 오면 납채(중매인을 통해 남자가 여자 집에 하는 일종의 구혼의식)
를 할 때 기러기 한 쌍을 예물로 쓴다. 하지만 신라의 왕이었던 신문왕은
어마어마한 물량으로 신부의 기를 꺾어놓고 있다. 포와 마찬가지로 젓갈
도 납채 물목인 것으로 보아, 한반도인들은 아주 오래전부터 바람에 고기
를 말려 저장하는 포와 소금에 물고기를 절여 저장한 젓갈을 식탁의 반찬
으로 사용했다는 것을 알 수 있다.

4. 이가 많아야 왕이 된다?

쌀이 주식이 되기 전에도 떡은 존재했다. 불로 오래 끓여도 용기에 이

상이 없는 철기와는 달리, 석기나 청동기 시대에는 쌀로 밥을 짓듯 곡물을 요리할 수 없었다. 하여 당시의 조리법은 찌는 것이었으니 바로 요즘의 떡이다. 그래서 곡물의 가루를 이용해 쪄내는 떡인 시루떡은 한반도 떡의 가장 오래된 원형으로 추측되고 있는 것이다. 그런데 이 떡의 재미있는 사용처가 있었으니……

- 신라 3대 임금인 유리왕(24~57년)이 왕이 된 이유
유리 이사금(儒理尼師今)이 왕위에 올랐다. 남해의 태자이다.
앞서 남해가 죽자 유리가 마땅히 왕위에 올라야 했는데, 대보(大輔)인 탈해가 본래 덕망이 있었던 까닭에 왕위를 미루어 사양하였다. 탈해가 말하였다.
"임금의 자리는 용렬한 사람이 감당할 수 있는 바가 아니다. 내가 듣건대 성스럽고 지혜로운 사람은 이(齒)가 많다고 하니 떡(餠병)을 깨물어서 시험해보자."
유리의 잇금(齒理)이 많았으므로 이에 좌우의 신하와 더불어 그를 받들어 세우고 이사금(尼師今)이라 불렀다. 옛부터 전해져오는 것이 이와 같다.

신라의 2대왕인 남해왕이 죽으면서 아들인 유리와 사위였던 석탈해에게 남긴 유언인즉, 돌아가면서 왕을 하라는 것이었다. 이에 서로 양보를

하는데, 여기서 이 재미있는 설화가 나오게 되었다. 사랑니가 많았는지는 알 수 없지만 유리는 치아의 수 덕분에 왕이 되었고, 다행히 석탈해는 유리왕보다 더 오래 살아 후에 4대 임금이 된다.

학자들은 이 때에 나오는 떡이 아마도 가래떡이나 절편을 가리키는 것이 아닌가 추측하고 있다. 고구려 유적인 안악 3호 고분(375년)에도 그림 속에 떡이 나오는데 부뚜막에는 시루, 그 오른편 밥상 위에는 시루떡이 있다. 이로 보아 쌀을 이용하기 전에도 삼국에서는 모두 떡을 즐겨 먹었고, 쌀이 주식이 된 이후에는 더욱더 즐기게 된 것으로 볼 수 있다.

5. 밀로 만든 국수는 너무 귀해?

국수는 기원전 5000년에서 6000년경에 일찍감치 아시아에서 먹었던 음식이다. 아마 우리나라에도 일찍이 전래되었을 것이다. 그런데 국수의 주재료인 밀이 문제다. 밀은 바이칼호와 아무르강 유역이 원산지로 중국에는 당나라 때 알려졌고 송나라 때 고려에 전해졌는데, 한반도 기후와 궁합이 맞지 않아 상용되지 않았던 것이다. 그런데 고려시대에 고려의 국수가 꽤 맛있다는 기록이 나온다.

"10여 종류의 음식 중 국수맛이 으뜸이다."

- 《고려도경》(송나라 사람 서긍이 1123년 고려에 사신으로 다녀간 후 지은 책)

"제례에 면을 쓰고 사원에서 면을 만들어 판다." - 《고려사》

그럼 이 때의 국수는 무엇으로 만들었을까? 바로 메밀이었다. 그러니까 우리 국수는 원래 메밀국수였던 것이다. 국수뿐만 아니라 만두도 메밀로 피를 만들었다고 한다.

"국수는 본디 밀가루로 만든 것이나 우리나라에서는 메밀가루로 국수를 만든다."

- 《고사십이집攷事十二集》(유명한 농학자 서유구의 할아버지 서명응이 펴낸 책, 1787년)

6. 중국에 처음 수출한 우리 음식이 바로 장醬?

우리 식단에 된장, 간장, 고추장을 빼면 뭐가 남을까? 1849년에 나온 《동국세시기》라는 책을 보면 침장沈醬과 침장沈藏(김장)이 사람이 사는 집에서 행하는 일년의 2대 행사라고 나와 있다. 그렇다면 이렇게 중요한 장을 우리는 언제부터 먹기 시작했을까?

"고구려에서 장양藏釀을 잘한다."

- ≪삼국지≫ 중 위지 동이전(3세기)

"겨울철에는 모두 긴 구덩이를 만들어 밑에서 불을 때어 따뜻하게 한다. 冬月
皆作長坑下然溫火亂取暖"

- ≪구당서舊唐書≫(945년)

"발해의 명산품은 책성의 시豉"

- ≪신당서新唐書≫(1044~1060년 완성)

위의 첫 번째 인용글에서 '장양'은 발효가공을 뜻하는 것으로, 술을 빚
거나 장을 담그는 행위를 총칭한다고 할 수 있다. 두 번째도 고구려 이야
기인데 일찍이 온돌이 있어 따뜻한 곳에서 메주를 띄울 수 있었다는 것을
보여준다. 그리고 세 번째 인용문에서 책성은 고구려의 유민들이 세운 발
해의 수도이며, 시豉는 콩으로 만든 메주를 뜻하니 일찌감치 이곳에서
메주를 만들어왔음을 짐작하게 한다.

여기서 우리가 생각해볼 것은 장을 만드는 메주, 그리고 메주의 재료인
콩의 원산지가 만주였다는 점이다. 그렇다면 고구려는 콩으로 메주인 시
를 만들고, 이를 바탕으로 장을 만든 본산이라고 볼 수 있다. 그렇다면 더
거슬러 고조선부터?

콩이 생산되지 않는 중국 본토에 시가 도입된 것은 대체로 기원전 7세기 무렵이라고 한다. 기록에 따르면 기원전 7세기 초에 제齊나라 환공桓公이 만주 남부에서 콩을 가져왔다고 전한다. 또 3세기에 씌어진 ≪박물지博物誌≫라는 책은 시豉를 외국 원산이라고 했다 하니, 그 나라가 어디에 있던 나라인지 미루어 짐작할 수 있지 않겠는가?

당시의 시는 오늘날의 청국장과 유사하다고 한다. 그리고 앞서 ≪삼국사기≫에서 인용한 대로 신라 신문왕의 납채 물목에 간장, 된장이 들어있으니 장류의 개발이 나날이 발전하고 남하하면서 한반도에 장류 음식 전성시대가 시작되었던 것이다.

뭐니 뭐니 해도 장류의 최고봉이자 한국을 장 문화의 독보적인 존재로 만든 것이 바로 고추장이다. ≪증보산림경제≫(1760년 간행)에 최초로 고추장 제조법이 나오는데, 수천 년을 이어온 장류 식단의 일대 혁명이라 할 수 있었다.

고추장이 발명된 이후의 한국 음식은 절대로 그 이전과 같을 수가 없었다.

7. 김장을 담그는 데 불교가 일등공신?
다음 중 우리나라 4대 채소가 아닌 것은?

①배추 ②무 ③고추 ④마늘 ⑤파 ⑥생강

사람에 따라 주장이 다를 수도 있지만 일단 4번까지를 4대 채소라고 부른다.

그런데 우리 식단에는 이 밖에도 무수한 채소들이 올라온다. 그리고 그 많은 채소들이 꼭 끼어들고 싶어하는 단 하나의 음식이 있다면 그것은 바로 김치다. 김치는 채소들의 오케스트라이자 우리네 식탁의 화룡점정이다. 그리고 김치를 담그는 일은 수백 년 이상 동안 한반도 거주민들의 연중 최고행사인 김장이 되어 수많은 여인네들을 괴롭혀 왔다.

김장 준비는 봄부터 시작된다. 바로 젓갈 담그기다. 앞서 살펴봤지만 젓갈은 삼국시대 이전부터 발효식품으로서 한반도에 존재해왔다. 고추나 마늘, 무, 배추와 같은 재료들도 일찌감치 혹은 한두 달 전에 미리 심어서 김장에 대비한다. 심지언 김치를 땅에 묻을 때 쓰는 김칫독도 미리 준비해야 한다. 우수, 경칩 뒤끝에 땅이 풀릴 때의 흙으로 구운 것이라야 단단하고 액체가 새지 않으며 보존이 잘되어 김치맛을 좌우하기 때문이었다.

김장하기 좋은 때는 보통 입동 전후니까 양력으로 11월 7, 8일이다. 봄부터 시작해서 일 년의 반 이상을 보내는 연중 최고행사가 아닐 수 없다. 그런데 이런 전 국민의 행사에 불교가 일등공신?

"무 장아찌 여름철에 먹기 좋고 소금에 절인 순무 겨울 내내 반찬 되네."
– ≪동국이상국집≫에 있는 이규보의 시 '가포육영家圃六詠' 중에서

이 시는 김치의 역사를 이야기할 때 빠지지 않고 등장한다. 이규보는 1168년에 나고 1241년에 세상을 떠난 고려의 문신이다. 그는 참 자상하게도 텃밭에 심은 오이, 가지, 순무, 파, 아욱, 박 등 여섯 가지 채소를 시로 노래하면서 그 시대에도 김장이 존재했음을 알려주고 있다. 그런데 재미있는 점은 고려시대에 이르러 급격히 채소류의 식용이 늘었다는 것이다. 바로 불교의 영향이다.

흔히 고추가 우리네 김치의 혁명이라고 하는데, 식단이라는 면에서 보자면 불교의 영향도 그 못지않다. 소금에 절여 먹는 발효식품을 일찍이 중국에서는 저菹라고 했는데, 이것은 주나라 때로 기원전 10세기 무렵이다. 한나라 때 한반도 일부를 점령한 한사군만 생각해도 중국의 식문화가 이 땅에 전래되었음을 알 수 있다. 그런데 이 발효식품인 저가 신라보다 더욱 강력한 불교국가인 고려에 와서 육류의 섭생을 강력하게 억제하면서 급격하게 퍼져 나가기 시작한다. 다양한 채소류를 오랫동안 저장하면서 먹을 수 있는 식품이 바로 저, 즉 김치였기 때문이다.

물론 이 시대의 김장은 비교적 단순했다. 채소를 소금에 절이거나 간장

과 된장에 절인 것, 혹은 소금이나 술지게미, 그리고 식초에 절인 것이다. 하지만 채소는 너무나 다양해서 이규보의 시에 나오는 순무 외에도 오이·가지·박·부추·고비·죽순·더덕·도라지·고비 등을 다양하게 이용하면서 저장용 채소를 주요 반찬으로 하는 식단을 한반도인의 삶 속에 깊숙이 심어놓았다.

이후 17세기에 전래된 고추가 김장에서 붉은 혁명을 일으키고, 20세기 문전에 전래된 결구배추(속이 꽉 찬 배추, 그 이전에는 끝이 벌어진 반결구배추가 한국의 주요 품종이었다)가 무나 기타 채소가 아닌 배추김치 중심의 김장 문화로 다시 한 번 변신시키게 된다. 이로써 우리 음식문화의 한 분수령을 이루는 빠알갛고 사각사각한 김치가 온 나라의 식탁을 점령하였고, 바야흐로 21세기 세계화 시대를 맞이하여 지구촌으로 진출하는 한국 음식 문화의 최대 상징이 된 것이다.

1장

블루 *blue*

신사임당 〈초충도〉—산차조기와 사마귀

차를 마시는 법은 한 자리에 차 마시는 손님이 많으면 주위가 소란스러우니, 소란하면 고상함을 찾을 수 없다. 홀로 마시면 신神이요, 둘이 마시면 승勝이요, 서넛은 취미요, 대여섯은 덤덤할 뿐이요, 칠팔 인은 그저 나누어 마시는 것이다.

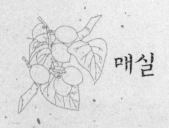

매실

매화의 그림자에 가려진 문인들의 벗

봄빛이 숨바꼭질이나 하는 것처럼 들락거리는 무렵, 이런 시절에 마땅히 피어야 하고 마땅히 칭송을 받는 것이 바로 매화다. 눈도 채 녹지 않은 거무튀튀한 나무등걸에서 불쑥 작고 앙증맞은 하얀 꽃이 잎보다 먼저 튀어나오니, 제 아무리 마음빛이 검은 이라도 감탄하지 않을 수 없다.

고려 말의 유명한 삼은三隱이 있다. 목은牧隱, 포은圃隱, 야은冶隱. 이들은 고려왕조에 대한 지조와 높은 학문으로 이름을 남겼는데, 지조의 으뜸으로 치는 매화를 사랑하는 데도 남보다 뒤에 서지 않는다.

조선 초기에 간행된 둔촌 이집 선생의 유고집에 시대의 명재상 하륜의 서문이 달려있는데, 여기에 이들과 매화 이야기가 나온다. 야은 길재 대신 삼은의 한 사람이었다는 주장도 나오는 도은 이숭인 선생이 목은 이색과 포은 정몽주, 그리고 둔촌 이집을 초청해 간단한 술자리를 열었는데, 여기에 아직 젊은 하륜이 목은 이색의 제자 신분으로 참석했다. 당대의 학자, 문장가들이 모여서 노는 데 시가 빠질 수 있으랴. 화분에 심어놓은 매화를 감상하면서 네 사람이 돌아가며 연구(聯句. 한 사람이 한

구씩 불러서 시 한 수를 만든 것)를 하는데, 하륜은 그분들의 탁월한 문장력에 감탄을 금할 수 없었다는 얘기다. 그 시를 읽어본 적은 없지만 우리 시대에서는 다시 볼 수 없는 풍경만으로도 넉넉함이 감돈다.

이처럼 매화는 오랫동안 문인의 벗이었다. 반면 매실은 그 약효를 인정받으면서도 매화의 그림자에 숨어있었다. 하긴 건강을 지키는 의원이 양반이 해서는 안 될 직업의 하나로 천대받던 조선시대였으니 정신 건강에 좋은 매화가 육신을 지키는 매실보다 앞섰다고 해서 하등 이상할 것은 없다. 그렇기는 해도 매실은 수많은 세월 동안 따라올 수 없는 명성을 지니고 많은 이의 사랑을 받았다.

왕실 지정 청량음료, 제호탕

조선시대 궁중에서 가장 즐겨먹었던 매실 청량음료가 있다. 바로 제호탕醍醐湯이다. 《동의보감》에 따르면 심한 더위를 풀어내고 열나고 목이 마르는 증상에 즉효라고 나와있다. 왕실전문 치료기관이던 내의원에서는 해마다 단오절이면 제호탕을 만들어 왕께 진상했고, 왕은 이를 나이 든 중신들에게 하사하는 풍습이 있었다. 그런데 정승들에게 있어 제호탕은 일상적인 음료의 하나였던 것 같다.

한음 이덕형이 등장하는 재미있는 제호탕 일화가 전해진다. 오성 이항복과 함께 재기발랄한 어린 시절을 보낸 이덕형은 장성해서 임진왜란 때 혁혁한 공을 세운다. 1602년에는 마침내 일인지하 만인지상이라는 영의정에 올랐는데, 전쟁통에 완전히 타버린 창덕궁을 새로 짓는 일의 총책임을 맡아 한여름에도 집에 들어가지 못하고 일에 힘썼다. 그래서 대궐 옆에 작은 집을 마련하여 소실(少室. 쉽게 말해서 첩)을 기거하게 하고는 수시로 쉬는 공간으로 삼았다.

하루는 이덕형이 일을 하다 잠시 쉬러 그 집으로 가면서 속으로 '이 찌는 더위에는 그저 제호탕 한 그릇이 그만인데……'라고 생각했다. 매실음료의 상징은 상큼함이니 그 상큼함으로 목을 축일 생각을 했던 것이다. 그런 생각을 하며 집 안에 들어서노라니 저도 모르게 아무런 말도 없이 손을 쑥 내밀게 되었다. 그러자 소실이 선뜻 갖다 바치는 것이 바로 제호탕이었다. 한마디 말도 없이 손만 내밀었는데 그 뜻을 짐작하여 제호탕을 갖다바치니 그야말로 '입 안의 혀'가 아닌가. 하지만 이덕형은 그 순간 아무 말도 없이 소실의 아름다운 얼굴을 물끄러미 바라보다가 그길로 돌아나와 발을 끊고 말았다. 후에 오성 이항복이 왜 그랬냐고 묻자 이렇게 대답했다고 한다.

"그날 목이 매우 타서 제호탕을 생각하며 손을 내미니 선뜻 내어주는 것이 어찌나 영리하고 귀여운지! 그러나 지금 이 시국에 명색이 대신으로 한 계집에 연연하여 큰일을 그르칠까 두려워 마음을 굳힌 것이지."

소실로서는 참으로 억울한 일이 아닐 수 없겠다. 너무 잘해줘도 탈이 아닌가. 이덕형은 그 후 이 소실에게 평생 먹고 살 만한 논을 마련해주었다고 하는데, 불안정한 지위임에도 오직 남편의 사랑으로 살았던 당시 첩의 신분을 생각할 때 그다지 행복하지는 않았을 것 같다.

이 이야기에 등장하는 제호탕을 만드는 법은 이렇다.

먼저 꿀 다섯 근을 끓인다. 그리고 끓고 있는 꿀에 미리 만들어 놓은 고운 가루를 고루 집어넣는다. 이 고운 가루는 오매육 가루 1근, 백단향 8돈, 사인 5돈, 초과 1냥이다. 여기서 주요 재료는 오매육烏梅肉이다. 오매육은 매실이 아직 덜 익어 푸른 색깔을 띠고 있을 때 따서 껍질을 벗긴 다음 짚불 연기로 그슬려서 말린 것이다. 까마귀처럼 검다고 하여 오매라고 부른다. 한방에서는 이 오매가 가래, 구토, 갈증, 이질, 폐결핵 등을 치료하며 술독을 풀어주는 약재로 분류하니 오매로 만든 제호탕은 갈증해소의 음료요 육신을 보존하는 건강약이다. 조선시대 왕들이 나이 든 신하들에게 제호탕을 내린 이유를 알 만하다.

국에 넣는 매실

매화나무를 꽃과 열매를 위해 키우기 시작한 것은 아주 오래전부터다. 중국에서는 약 3000년 전, 우리나라에서는 삼국시대에 사군자의 으뜸으로 치는 매화나무 꽃을 보기 위해 들여왔고 고려 초기부터 열매인 매실을 약재로 쓰기 시작했다고 한다.

그런데 예전의 매실은 조미료의 하나였다.

≪성종실록≫에 보면 우의정 이극보가 병을 칭하여 관직에서 물러나려 하자 성종이 극구 말리는 대목이 나오는데, 이 때 이극보를 국에 넣는 매실로 비유한다. '술은 누룩으로 만들고 국은 매실로 만든다'는 비유를 하는데, 요즘 식으로 말하자면 이극보 없는 조정은 '팥 없는 찐빵'

이요 '고무줄 없는 팬티' 라는 것이다.

여기서 국의 한자어는 갱羹이다. 글자를 분석해 보면 '양羊을 불火에 올려놓으니 아주 훌륭하다美' 는 뜻이다. 아마 최초의 국은 양고기로 만든 듯하다. 그런데 이 국을 끓일 때 쓰는 것이 하나는 소금이요 또 하나는 매실이었다. 고기로 만든 장(중국의 장)을 만들 때에도 청매즙을 넣어 신맛이 나게 한다고 했다.

국에 넣는 매실에 대한 비유는 아주 오래된 것으로서 중국 삼경의 하나인 ≪서경≫에 은나라 고종이 부열이라는 재상에게 "내가 술과 단술을 만들려 하거든 그대가 누룩과 엿기름이 되고, 내가 국에 간을 맞추려 하거든 그대가 소금과 매실이 되어 달라"는 말이 나온다. 임금을 잘 보좌해달라는 이야기를 국에 넣는 매실로 비유하였던 것이다. 여기서 매실은 식초의 역할을 하였다고 할 수 있다.

이런 매실이 그 탁월한 약효로 널리 애용되기는 오히려 현대에 와서 더하다. 우리보다 매실을 더 즐기는 일본의 경우 매실을 이용한 식품이 50가지가 넘는다고 한다.

매실의 과육에는 수분(85%)과 당분(10%) 외에 5% 정도의 유기산이 들어있고 각종 영양소들이 두루 들어있다. 그 내용을 간략히 정리해보면 다음과 같다.

몸 안의 피로물질을 씻어내는 데 좋은 구연산이 있다. 피로할 때 우리 몸 안에 쌓이는 피로물질은 다름 아닌 젖산이다. 매실은 포도당의 10배가 넘는 피로물질 제거능력을 갖추고 있는데, 특히 구연산이 많다고 한다. 피로회복엔 매실이다.

또 피루브산이라는 물질은 간 기능을 향상시키는 역할을 한다. 그런데 매실에 이 피루브산이 들어있다. 술을 마신 다음 날 매실즙을 물에 타서 마시면 해독기능을 가진 간을 활성화시켜 숙취해소에 그만이다.

흔히 매실은 3가지 독을 없앨 수 있다고 말하는데 음식물의 독, 피 속의 독, 물의 독이 그것이다. 식중독이나 배탈과 같은 병은 다 이런 독 때문에 생기는 것인데 매실에 들어있는 피크린산은 이 독성물질을 분해하여 3독을 없앤다.

매실은 체질 개선에도 놀라운 효과가 있다. 현대인은 고기를 많이 먹어서 몸이 산성체질로 바뀌는 경우가 많다. 산성체질은 온갖 성인병의 저장고로 몸 안에 독을 쌓아놓고 사는 셈이다. 매실은 신맛이 나지만 실제로는 알칼리성 식품이다. 따라서 매실을 장복하면 몸이 약알칼리성을 유지하는 데 많은 도움을 주며, 특히 다른 과일보다 많이 함유된 칼슘이 몸을 알칼리성 체질로 바꾸는 데 기여를 한다고 한다.

매실로 만든 음료가 인기를 끌게된 데에는 TV드라마 '허준'의 역할이 크다. 어느 유머란에 보니까 드라마 '허준'에서 가장 많이 쓰인 말 1등이 '애쓰셨습니다', 2등이 '애썼네', 3등이 '애썼어', 4등이 '애썼군', 5등이 '애썼다'란다. 이렇게 허준이 애를 쓰면서 역병을 고치러 갔는데, 어떤 약재로도 효과를 못보다가 매실을 써서 이 전염병을 잠재우게 된다.

실제로 매실은 살균, 정장 효과가 있어 배탈이나 이질, 설사에 좋은

데 역병 그 자체에 효과가 있다기보다는 역병 환자들이 겪는 이런 질병을 치유함으로써 역병의 전염을 억제한 것이 아닌가 싶다. 어떤 이는 매실에 함유된 구연산의 경우 콜레라균을 5분 이내에 살균시키는 효과가 있다고도 한다.

매실에 대해 생각할 때 가장 안타까운 것은 그 약효나 소용에 비해 오랫동안 주목을 받지 못함으로써 한의원의 약장 신세를 면치 못했다는 점일 것이다. 매화의 진가를 알아주는 미적 시야가 한, 중, 일의 동양 삼국에 국한되었듯이 과실수로서의 매실 재배도 널리 퍼지지 못하였다. 때문에 매실의 품종이나 재배법도 그다지 발전하지 못했다. 특히 한국의 토종매실은 품질이 우수함에도 널리 알려지지 못해 우리끼리 속삭이는 수준에 머물고 있는 것이다. 하여 2000년대 들어 등장한 매실음료가 인기를 얻은 것은 반가운 일이거니와 이와 더불어 세계적인 과수로 뻗어나가길 기대해본다.

끝으로 재미있는 상식 하나.

오매는 앞서 설명했고, 매실을 밤마다 소금물에 절이고 낮에는 따뜻한 햇볕에 말리길 열흘 동안 거듭한 것을 백매라고 한다. 그런데 이 백매가 입냄새 제거에 탁월한 효과가 있단다. 어떻게 하는고 하니 이 백매를 입 안에 물고 있으면 입냄새가 사라진다는 것이다. 입냄새 제거도 좋지만 그 신맛에 흘러내리는 침은 어찌해야 하나.

청포도

한국은 세계 3대 포도 자생지

먼저 전설 한 자락.

강원도 영월의 영모전은 단종의 위패를 모시는 사당이다. 여기에는 운보 김기창 화백이 그린 단종 영정이 놓여있다. 그런데 이 영정에는 백마 탄 단종 앞에 웬 사람이 바구니를 들고 서 있다. 이 사람이 바로 전설의 인물이다.

전설에 따르면 이 사람의 이름은 추익한이고, 한때 한성부윤(지금의 서울시장)을 지냈다고 알려져 있으며 1434년(세종 16년) 낙향하여 영월에 살고 있었다고 한다. 자는 우삼이고 호는 우천이라고 한다. 이만하면 꽤 구체적인 정보다. 그런데 ≪조선왕조실록≫을 뒤져보았더니, 한성부윤(정2품 재상이다)까지 지낸 사람의 이름이 어디에도 없다. 최소한 임명기록이라도 있을 터인데……

이래서 오리무중일 수밖에 없는 추익한이라는 인물은 단종이 유배되자 자신의 신분을 숨기고 매일 과일을 진상했다고 한다.. 단종이 승하하던 날에도 과일바구니를 들고 찾아가던 중 백마를 타고 오는 단종을 만났다. 추익한이 어디로 가십니까 하고 물었더니 태백산으로 간단다. 그러더니 돌연 사라져 버렸다. 추익한이 급히 단종의 거처에 가보았으나 이미 이 세상 사람이 아니었다. 추익한은 몹시 슬퍼하며 따라 죽었으니, 단종과 함께 태백산 산신령이 되었다.

약간은 아릿한 이 전설을 왜 소개하는가 하면 이 영모전의 단종 영정에 포도가 그려져 있기 때문이다. 추익한이 들고 있는 그 과일 바구니 안에 들어있는 것이 바로 포도다. 그렇다면 추익한은 영월에서 과수원을 하고 있었던가?

사실을 밝히자면 그 포도는 머루다. 머루가 바로 포도다. 조선시대에는 머루도 포도라고 불렀는데, 실제로 머루는 포도나무과에 속하며 우리나라에서 자생하는 유일한 포도 종류다. 머루 때문에 한국은 세계 3대 포도 자생지로 불리기도 한다.

주저리주저리 열린 전설

청포도의 뿌리를 찾아서 헤매는 것은 안개 속이었다. ≪삼국사기≫를 뒤지면 한글 발음은 같지만 한자는 전혀 다른 '포도부인' 이야기만 있다. ≪고려사≫에는 범인 잡는 포도대장 이야기만 나온다. 세계에서 가장 오래된 과일, 가장 먼저 술을 담근 과일, 성서에 155번이나 이름이 나오고 지금도 전 세계 과일 생산의 1/3을 차지하며 최대생산량을 자랑하는 과일인 포도가 우리 역사에서는 그다지 등장하지 않는 것이다.

유럽 포도의 원산지는 아시아 서부의 흑해 연안과 카프카 지방으로 알려져 있다. 그곳에서는 원어로 'Budow' 라고 부른다. 중국에서 6세기경에 만들어진 최고最古의 농서인 ≪제민요술≫에 이미 포도에 대한 기록이 있으며, 기원전 한나라 때 실크로드를 개척하면서 포도주와 함께 중국에 전해진 것으로 보인다. 하지만 우리나라에는 아무런 기록이 없다. 그런데 중국에 이 'Budow'가 들어오면서 중국인들이 발음이 비슷한 포도葡萄라고 불렀는데, 이 이름이 한반도에까지 유래된 것으로 보아 삼국시대에도 포도가 익히 알려졌을 가능성은 높다.

고려 때의 기록을 보면 충렬왕이 포도주 맛을 많이 본 것을 알 수 있다. 고려때 임금들 중에 '충忠' 자가 이름에 들어있는 왕들은 모두 몽고가 세운 원나라에 머리 숙인 왕들이다. 충렬왕은 그 첫 번째 왕인데, 세자 때인 1271년(원종 12)에 원나라로 가서 세조의 딸(제국대장공주)와 결혼했고, 3년간 지내다 돌아와 왕이 되었다. 원나라의 간섭 때문에 제대로 왕 노릇을 못하다가 아들에게 왕위를 물려주고 다시 원나라로 가기도 하였다. 그러나 고려에 원나라 문물을 들여오는 데 약간의 기여(?)를 했는데, 원나라 황제들은 고려의 사신이 올 때마다 술을 하사하였으니 그것이 바로 포도주다. 1285년(충렬왕 11) 8월의 기록을 보면 황제가 포도주를 하사했다는 기록이 있고, 이 기록은 그 후 여러 차례 반복된다. 그러니까 충렬왕은 중국산 포도주의 맛을 자주 본 왕이다.

아마 이 때쯤 우리나라에도 중국산 포도, 더 엄밀히 말하면 중앙아시아 원산의 유럽종 포도들이 중국을 통해 들어왔을 가능성이 높다. 그 이후 우리 전래의 포도인 머루는 '산포도山葡萄'라는 또 하나의 이름을 갖게 되었다.

그러나 고려시대에도 결국 청포도의 흔적을 찾지 못했다. 최초로 포도 재배 등의 언급이 있는 것은 15세기 초의 농서인 《촬요신서撮要新書》다. 이후 우리나라의 농서에는 빠짐없이 포도에 대한 기록이 있는데, 여기서 처음으로 청포도의 흔적을 찾을 수 있다. 이들 고농서에 소개한 포도의 종류에는 자紫, 청靑 및 흑黑 등이 있으며 아마 조선 초기부터 청포도를 심었던 것 같다.

이후 청포도는 귀한 과일이 되었다.

조선 왕실은 달마다 귀한 과일을 역대 왕들의 위패를 모신 종묘에 바쳤는데(이를 천신이라고 한다), 7월에 바치는 물건에 연어, 배, 호두, 잣 등과 함께 청포도의 이름이 있다. 19세기 초의 《규합총서》라는 책에는 청포도를 특산물로 하는 영회라는 지역을 언급하고 있기도 하다.

청포도는 시에도 등장한다. 조선 세조때의 대학자인 서거정의 시에 '추일즉사秋日卽事' 라는 것이 있다. 우리말로 번역하면 '가을날에 보고 느낀 것들' 이라고 해야 할까? 여기에 다음과 같은 표현이 있다.

꽃 핀 연꽃과 창포에는 붉은 이슬이 펄펄 버리고
술을 먹은 듯한 포도는 푸른 강물이 불어난 것 같다

(秋日卽事 중에서)

푸른 강물이 불어난 것처럼 넘실대는 포도라면 당연히 청포도리라. 적포도에 이런 표현을 할 리가 없지 않은가.

이육사와 이효석의 청포도

청포도에 역사를 만든 사람은 아무래도 시인 이육사다.

그가 '내 고장 칠월은 청포도가 익어가는 계절'이라고 노래하자마자 그의 시는 우리에게 '주절이주절이' 열린 청포도 전설이 되어버렸다. 그런데 동시대에 이효석도 한 일간지에 '청포도의 사상'이라는 수필을 발표한다. 그런데 두 사람의 차이가 어찌나 극명한지 같은 과일을 보고 읊은 것이라고 믿기 어렵다.

이효석의 글을 일부 인용하면 이렇다.

청포도가 푸른 것이요, 익어도 청포도에 지나지는 못한다. 시렁 아래 흔하게도 달린 송이를 나는 진귀하게 거들떠볼 것이 없는 것이요, 그보다는 차라리 지난날의 포도의 기억을 마음속에 되풀이하는 편이 한층 생색 있다.

(조선일보 1936.9 일부 인용)

덜 익었을 때도 푸르고 익어도 푸른 이 과일은 진귀할 것도 없다. 이 효석이 말하는 '지난날의 포도의 기억'은 적포도에 대한 것이다. 그는 청포도가 싫다. 포도란 녀석은 익으면 '지혜와도 같이 맑고 빛나야' 하는 법인데 이놈은 색깔도 변하지 않는다. 어딘가 허무한 구석이 있는 자신의 심사가 고스란히 묻어났다고나 할까.

반면 이육사의 시에서 청포도는 그가 평생에 걸쳐 기다리는 손님을 맞을 귀한 음식이다. 그는 이렇게 노래한다.

내가 바라는 손님은 고달픈 몸으로

청포를 입고 찾아온다고 했으니

내 그를 맞아 이 포도를 따 먹으면

두 손을 함뿍 적셔도 좋으련

그 손님이 누군지 애써 알려고 할 필요는 없다. 그가 바라는 손님은
그의 몫이고 이 시를 읽는 우리가 바라는 손님은 우리의 몫이니, 우리는
우리의 손님을 기다리며 청포도를 마련하면 되는 것이다.

그런데 이육사의 청포도에는 하나의 역사적 아이러니가 있다. 그의
고향에 칠월이면 주저리주저리 열리던 그 청포도는 바로 일본인의 청포
도 농장 것이었기 때문이다.

우리나라에서 본격적으로 과일용 포도를 재배한 것은 1906년 서울에
권업모범장이라는 농업시험소가 생겨 유럽산 포도 7종을 생산하면서였
다. 그 후 일본인들이 남부 지방에 포도농장을 만들고 포도주를 생산하
기 시작했다. 그중에서도 일본인 중야륭中野隆이라는 사람은 지금의 포
항시 동해면 도구리 근처에 대규모의 포도농장을 만들었다. 이 농장은
당시만 해도 동양 최대의 포도밭이었다. 그리고 이 포도농장의 포도가
바로 청포도였던 것이며, 그 배경에 영일만 바다가 있었고, 바로 이곳이
이육사의 '내 고장'이었던 것이다. 애국자였던 이육사지만 이 멋진 풍
경은 배경이 어떻든 그의 향수의 일부분이었던 셈이다.

청포도를 위하여

화이트 와인은 청포도로 만든다. 레드 와인을 만드는 적포도와는 달리 씨앗을 빼고 과즙만으로 만든다고 한다. 요즘 미식가들뿐만 아니라 일반인들 사이에서도 와인 애호가가 부쩍 늘었다고 하는데, 아직 국산 포도주는 인기가 없다. 이육사의 고향은 6.25 이후 전통이 유실되었다가 '마주앙'이라는 국산 포도주의 고장으로 다시 각광을 받았으나, 1996년 이후 외산 포도주에 밀려 다시 문을 닫았다.

그런데 몇 년 전에 기사를 보다가 재미있는 걸 하나 발견했다. 충북 옥천에는 국내 유일의 포도시험장이 있다. 이곳에서는 세계 각국의 포도를 시험재배하며 우리 토질과 기후에 맞게 적응시키는 실험을 하고 있다. 사실 포도는 청포도건 적포도건 추운 겨울을 견디지 못한다. 이 때문에 충청도 이남 지방에서만 많이 재배하고 있는 실정이다.

아무튼 이 포도시험장에는 재미있는 청포도가 하나 있다. 이름은 '네헬레스콜'이라고 하는데 여러 송이가 한군데 몰려 큰 송이를 이루어 정말로 주저리주저리 열린단다. 큰 송이 하나로 무려 20여 명이 먹을 수 있다니 정말로 대단하지 않은가.

장생불사를 하려면 포도를 먹으라는 소리도 있는데, 이 네헬레스콜을 한국 기후에 완벽하게 적응시켜 전국 곳곳에서 재배하고, 그 이름을 '이육사 청포도'라고 붙이면 어떨까 하는 생각을 해본다. 그렇게 된다면 우리는 그 청포도를 보면서 늘 '손님'이 오는 반가운 상상 속에 살 수 있지 않을까?

차

한 잔 차로 시작되는 참선

전 세계에서 가장 많은 사람들의 사랑을 받는 음료가 차茶다. 물론 여기에는 13억이라고도 하고 14억이라고도 하는 인구대국 중국의 영향이 절대적이다. 중국 특산의 반半발효차인 우롱차에 들어있는 카테킨이라는 성분은 음식물 소화와 지방분해효소의 활동을 강화시키는 효능이 있어, 기름기 많은 중국음식으로부터 건강을 지켜내는 역할을 한다.

그런데 애초에 차가 주목받은 것은 '각성제' 효과 때문인 것 같다. 예부터 차를 마시면 정신이 맑아진다고 하였고, 고려시대의 시인 이규보는 차에 대한 시에서 '한 잔 차로 참선은 시작된다' 고 노래했다. 그래서인지 우리나라의 경우 정진하는 불교의 수도승들이 즐겨 차를 마셔왔다.

머리를 맑게 하다 보니 두통도 치료하는 것일까? 고구려를 침공했다가 패퇴하기도 한 수나라의 창업자 문제(文帝. 재위 581~604)는 왕이 되기 전 어느 날 꿈을 꾸었는데, 꿈에 신이 나타나 그의 뇌골을 바꿔버렸다. 그 후 늘 두통을 앓았다. 그런데 어느 날 만난 한 스님이 '산중의 명초(茗草. 차의 다른 이름)를 달여 마시면 효험이 있다' 고 하여 시음한 후 두통이 나왔다. 이후 차의 효능이 인정되어 천하의 모든 사람들이 차를 달여 마시기 시작했다는 것이다.

차에는 1~3%의 카페인이 들어있다. 각성효과를 내는 것은 바로 이 카페인이다. 그런데 효과면에서 차의 카페인은 커피의 그것과 좀 다르다. 우선 카페인의 양이 한 잔의 커피와 차를 놓고 봤을 때 차가 약 1/3에 불과하다. 또 차에는 카페인의 각성효과를 보완하는 다른 물질들이 함유되어 있어, 각성효과가 천천히 나타나고 빨리 사라지는 특징을 보인다. 그래서 커피의 카페인과는 달리 차의 카페인은 그 장점만이 부각되고 있는 것이다. 현대 의학자들에 의하면 차는 정신을 맑게 하고, 기억력과 집중력을 높이며, 피로를 풀어주고 기운을 돋우는 효과가 있다는 것이다.

제상에도 올라간 차

수천 년 동안 즐겨 먹던 기호음료였던 덕분에 차에 대한 수많은 기록들과 문학작품들이 남아있어 목록만으로도 책 한 권이 넘을 것이다.

기원에 대해서도 다양하다. 가장 고대의 것은 중국 신화의 전설적인 제왕인 신농神農이 숲 속에서 물을 끓이고 있는데 근처의 나뭇잎이 바람에 날려 물에 들어갔고, 이를 끓여 먹었더니 갈증과 졸음이 사라졌다는 기록이다. 물론 전설이지만 연대까지 기록되어 있으니 기원전 2737년의 일이다. 그러나 믿을 만한 기록으로 최초의 것은 기원전 59년의 노예매매 계약서에 나온다. 왕포王褒라는 선비는 전한시대 사람인데 편료

便了라는 남자종을 1만 5000냥에 사는 매매계약을 하고 계약서를 꾸민다. 여기에는 편료가 해야 할 일이 적혀있다. 즉 무양이라는 지방에 가서 차를 사오는 일, 그리고 손님이 오면 차를 달여서 대접하는 일이 편료가 할 일 중 하나였다. 이로 미루어 이 시기에 이미 차문화가 널리 퍼졌다는 것을 알 수 있다.

우리나라의 차에 관한 전설도 다양하다. 시기상으로 가장 앞선 것을 따지자면 김해지방에 있었던 고대국가 가락국에 대한 것이다. 알에서 깨어났다는 김수로왕이 세운 가락국, 성장한 김수로왕이 결혼을 했는데 그의 비는 인도 아유타국 공주라는 허황옥이었다. ≪삼국유사≫에는 16세의 그녀가 서기 48년에 오빠 장유화상 등과 함께 별진포에 도착하였다고 되어 있다. 김수로왕은 기꺼이 그녀를 왕비로 맞았는데, 그녀는 배에 수많은 이국의 선물을 싣고 왔으니 포도와 같은 신기한 물건이 많았다. 그런데 사실 그녀가 차를 가져왔다는 이야기는 ≪삼국유사≫에 직접 언급되어 있지는 않다. 그녀가 인도에서 자생하던 차를 가져왔다는 것은 오직 전설에서만 존재하는 것으로, 예컨대 100여 년 전 쓰여진 ≪조선불교통사≫(이능화)에 보면 김해 백월산의 죽로차竹露茶는 허황옥이 인도에서 가져온 차씨에서 비롯되었다는 전설이 기록되어 있다.

중국에서도 차가 완전히 대중화된 것은 당(唐. 618~907년) 시대였다고 한다. 우리나라의 경우도 최초의 믿을 만한 기록은 신라 문무왕 2년(662년)의 이야기다. 묘하게도 허황옥과 연관이 되어 있다. 허황옥의 남편이자 가야의 초대 왕인 김수로는 199년에 사망하고 허왕후와의 사이에서 난 첫째아들이 2대 거등왕으로 즉위한다. 허왕후는 이미 사망한 후였다. 거등왕은 부친의 묘를 만든 후 해마다 일정한 날에 제사를 지냈는데, 이 제사는 10대 왕인 구형왕이 신라에 항복한 532년까지 300여 년을 넘게 한 해도 빠지지 않고 치러졌다. 이 구형왕은 김유신 장군의 증조부다. 가야가 멸망한 후 김수로왕의 제사는 명맥이 끊겼다. 그러다가 662년 문무왕이 특별히 명을 내려 다시 제사를 지내는데, 이것은 문무왕이 김유신 장군의 동생인 문명왕후('보희 문희 설화'의 동생 문희가 이 사람이다)의 아들이었기 때문이다. 문무왕은 외가 쪽 조상의 제사를 배려한 셈인데, 이 제사상 목록에 바로 차가 등장한다.

또 ≪삼국사기≫에는 신라 흥덕왕 3년(828년)에 당나라에 갔다 돌아온 사신 대렴이 차나무 씨앗을 가지고 왔기에 왕이 지리산에 심게 하였다는 기록이 있다. ≪삼국사기≫는 이 때부터 차문화가 매우 성행하였다고 언급하고 있다.

차문화의 성행과 고려청자

너무 향기가 진하지도 않고, 그렇다고 무색무미한 것도 아닌 차. 정신을 맑게 해주되 지나치게 흥분시키지도 않는 차. 그래서 차는 유혹이되 유혹이 아니다. 아마도 이 때문에 우리나라의 차문화가 정신을 집중하여 유혹을 물리치고 선에 몰두해야 하는 승려들에 의해 전승되었을 것이다.

차문화가 본격화되었다는 흥덕왕 때보다 100여 년 앞서 한 편의 시로 명성이 높았던 승려 충담사에게도 차에 관한 일화가 전해진다.

그는 해마다 3월 삼짇날과 9월 중양절에 경주 남산에서 미륵불에게 차를 달여서 바쳤다. 그러던 어느 해 3월 삼짇날, 여느 때와 같이 남산에 올라 차를 바치러 가다가 왕부의 신하들에게 이끌려 궁정으로 들어가게 되었다. 요즘 말로 하면 스카우트였는데, 마침 경덕왕(재위 742~765년)이 스승으로 삼을 만한 스님을 찾고 있었던 것이다.

경덕왕이 그의 짐을 풀어보니 차를 끓이는 다구茶具만이 가득하였다. 사연을 물어본 후 이름까지 알아보니 '찬기파랑가'로 이름 높은 충담이라는 승려였다. 이에 경덕왕은 충담에게 특별히 차를 한 사발 부탁한다. 충담이 차를 달여 왕에게 드렸는데 차맛이 기이하고 찻그릇 속에 향기가 가득하였다고 한다. 왕은 시를 잘 짓는 충담에게 나라를 편안하게 할 시 한 편을 부탁하고, 이에 충담은 '안민가安民歌'라는 노래를 지어준다. 왕은 이윽고 스승으로 궁정에 남아달라고 부탁한다. 충담은 어떻게 했을까? 차를 즐기는 이가 권력에 빌붙으랴. 그는 거듭 사양하고 궁을 나선다.

불교문화가 강성했던 고려시대 역시 차에 관한 수많은 이야기들이 전해진다. 이 시대에는 특히 문학작품이 두드러지는데, 비단 승려들뿐만 아니라 귀족, 문인들의 차문화가 성행했다. 궁궐에서는 각종 행사 때마다 차를 바치는 의식들이 상례적으로 행해졌다. 귀족들끼리는 차를 끓이는 다구 선물이 유행이었다. 사원에서는 누가 더 차를 잘 끓이는지

겨루는 내기가 곧잘 벌어졌는데 이를 명선茗禪이라고 불렀다. 이런 내기로 참선의 효과를 보았는지는 알 수 없는 일이지만······.

고려시대에는 청자가 발달했는데 청자의 발달도 차문화의 성행과 떼어놓을 수 없다. 차문화 연구가들은 어떤 찻잔에 담아 마시는가에 따라 차맛이 달라진다고 한다. 본래 광물 성분은 원적외선을 많이 방사하는데 청자나 백자와 같은 도자기는 광물을 주성분으로 하고 있다. 게다가 뜨거운 물을 찻잔에 부으면 더 많은 원적외선을 내기 때문에 도자기 찻잔에 담긴 차는 원적외선으로 인해 분자의 진동이 일어나고, 이것이 차맛을 변화시킨다는 것이다. 귀한 차를 더 맛있게, 그리고 시각적으로도 즐겁게 먹기 위해 좋은 찻잔이 필요했고, 이것이 청자의 발달에 영향을 주었다는 이야기다.

한국 차문화의 기초, 동다송

이렇게 활발했던 차문화가 시들해진 것은 조선시대에 들어와서였다. 아무래도 불교의 쇠퇴와 관련이 있을 것이다. 또 고려를 무너뜨리고 성립한 조선왕조가 고려 귀족사회에 대한 반감으로 차문화도 함께 멀리한 것이 아닌가 추측할 수도 있다. 임진왜란 때 명나라의 장수로 활약했던 양호가 선조에게 왜 조선에서는 차를 즐기지 않느냐고 묻자, 왕은 원래 조선의 습속에는 차를 마시지 않는다고 대답했다는 이야기가 전해지기도 한다. 선조는 역사 공부를 좋아하지 않았나 보다.

조선 초기까지는 차문화를 즐기는 이들이 남아있었고, 승려사회에서는 차문화가 면면히 이어졌다. 그러다가 조선의 차문화가 부흥한 것은 19세기에 들어와서였다. 정약용, 김정희 등 이름이 널리 알려진 사람들이 차를 즐기며 이를 문학작품으로 남겼다. 특히 정약용은 18년 동안의 유배생활에서 차문화에 흠뻑 빠졌는데, 그의 작품 '걸명소乞茗蔬'에서 당시 생활을 엿볼 수 있다.

'나그네는 근래 차버러지가 되어버렸으며 겸하여 약으로 삼고 있소.'
'아침에 달이는 차는 흰 구름이 맑은 하늘에 떠 있는 듯하고, 낮잠에서 깨어나 달이는 차는 밝은 달이 푸른 물 위에 잔잔히 부서지는 듯하오.'

하지만 누구보다 한국의 차문화를 발전시킨 사람은 바로 승려였던 의순(1786~1866), 즉 초의선사다. 그가 40여 년이나 전라남도 해남의 대흥사에서 수도하면서 지은 '동다송東茶頌'은 한국 차문화의 기초를 놓았다고 평가된다. 그는 이 글에서 차의 역사와 차 마시는 법 등을 노래로 읊었는데, 차를 즐기는 경지를 도道로 이끌었다는 평가를 받고 있다. 그 한 구절을 소개한다.

'차를 마시는 법은 한 자리에 차 마시는 손님이 많으면 주위가 소란스러우니, 소란하면 고상함을 찾을 수 없다. 홀로 마시면 신神이요, 둘이 마시면 승勝이요, 서넛은 취미요, 대여섯은 덤덤할 뿐이요, 칠팔 인은 그저 나누어 마시는 것이다.'

박하

좋은 사람 만나면 나눠주고 싶어요

약속이나 한 것처럼 음식점 카운터 위에는 카드조회기와 나란히 바구니가 놓여있다. 점심을 먹고 나온 손님들은 으레 바구니 안을 힐끗 들여다보고는 대개 새하얀 박하사탕이 놓여있는 곳에 손을 들이밀어 한 개를 집는다. 껌이나 단맛의 사탕을 넣어두는 집도 있지만 아무래도 박하사탕이 가장 인기가 있다. 입 안을 상큼하게 바꿔주는 효력 — 박하가 그토록 오랜 세월 사람들의 사랑을 받은 이유 — 은 다른 종류의 사탕이 따라오기 힘든 것이다.

박하는 허브의 한 종류다. 맛도 특이하지만 향기도 만만치 않아 우리나라 사람들은 껌에서 제일 먼저 박하 향기를 맡았다. '쥬시 후레쉬, 후레쉬민트, 스피아민트…… 좋은 사람 만나면 나눠주고 싶어요'라는 CM송은 아주 익숙한 것인데 여기서 '민트mint'가 바로 박하다. 그 껌 한 개를 얻으면 아껴 두었다가 형제들과 나눠서 원수라도 진 것처럼 종일 씹어대던 기억도 박하 향기 속에 아련하다.

맑은 정신을 지키는 향기

향기가 있는 풀들을 허브herb라고 부른다. Herba라는 라틴어는 푸른 풀이라는 뜻이었는데, 여기에 어원을 두고 서양에서 herb는 향과 약초를 의미하는 말로 쓰였다. 동양의 한의사들이 대개 약초를 이용해 병을 치료하는 것을 본 서양인들이 한의사를 허브닥터herb doctor라고 부른 것은 이 때문이다. 그러던 것이 향기가 있는 풀은 모두 herb라고 부르게 되었다.

흔히 허브의 여왕이라고 하면 '라벤더'를 꼽기도 하고, '로즈마리'를 더 좋아하는 사람도 있다. 향기를 이용하는 이런 식물들은 우리나라에서 유행한 지 그리 오래지 않다. 처음부터 외국 식물들이 허브의 대표주자로 꼽혀왔기 때문에 사람들은 허브라고 하면 외국의 향기나는 풀로 오해하고 있기도 하다.

하지만 이미 밝혔듯이 허브는 향기나는 풀이고, 그런 풀은 서양에서만 자라는 것이 아니다. 인삼의 강한 향기는 어느 허브보다 낫고, 깻잎의 상큼한 향은 충분히 허브 상품을 만들 만한 것이다. '허브닥터'들이 자신의 지식을 약간만 활용하면 우리의 허브들로 작은 사전을 만들 수 있을 것이다.

옛 조선의 관리들, 특히 왕을 직접 시종하는 비서실 격인 승정원의 승지들은 옷 속에 향낭香囊이란 주머니를 차고 다녔다. 상궁들은 줄향이라고 해서 향나무를 예쁘게 깎아 만든 것을 차고 다녔고, 민가의 여인들도 난초를 이용한 난향을 향낭에 넣어 은은한 냄새를 뿌리고 다녔다. 대체로 남녀간에 유혹하기 위해서는 동물성 사향을 이용했지만 정신의 맑음을 위한 향기로는 식물의 향을 이용했다고 한다.

송나라 사람으로 고려에 와 목격담을 글로 남긴 서긍徐兢의 ≪고려도경≫에 따르면 그는 궁중에서 거대한 향로를 발견했다고 한다. '자모수로'라는 이 향로는 30근의 은으로 만들었는데 높이가 4자, 너비가 2자 2치로 커다란 짐승이 웅크리고 앉아 뒤돌아보며 작은 짐승을 움켜쥐는 형상인데 벌린 입으로 향기를 뿜어냈다고 한다. 이것만 봐도 한국인이 아주 오래전부터 '향기'를 즐겼고, 그 향기의 주 재료는 한의학과 마찬가지로 식물이었던 것이다. 그러니 어찌 허브를 서양의 수입식물에서만 구할 것이랴.

허브는 어떤 특별한 종의 식물만을 의미하지 않는다. 꿀풀과, 지치과, 국화과, 백합과, 미나리과의 식물들 약 2500여 종이 허브로 분류된다. 허브의 여왕이라는 라벤더나 로즈마리는 들깨의 잎으로 우리가 상식하는 깻잎과 같이 꿀풀과의 식물이다. 그리고 박하 역시 꿀풀과의 대표적인 허브인 것이다.

불행한 운명을 넘고 지극한 사랑을 쟁취하다

우리나라에서 박하는 중국의 영향을 받아 약용식물로 많이 쓰였다. 삼국시대 이전부터 박하가 자생했던 것으로 보이는데, 중국의 의약서인 ≪식성본초食性本草≫에는 신라 박하의 용도가 기록되어 있다고 한다. 고려시대에는 이두로 방하芳荷라고 썼다. 조선시대 허준의 ≪동의보감≫에서는 박하에 대해 나쁜 기운을 없애고 피로를 풀어주며 머리와 눈을 맑게 하는 효과와 더불어 소화를 도와 속을 편하게 한다고 기록되어 있다.

원산지가 아시아라고 하지만 동서양을 막론하고 고대로부터 박하는 일찌감치 주목을 받았다. 어느 곳에서나 초기에는 약용으로 시작했는데, 동양에서는 오래전부터 설사의 비방으로 주목받았고 서양에서도 진통제나 살충제로 각광받았다. 그 후 박하의 향기도 이용하게 되었는데, 아로마테라피(aromatherapy. 향기치료)를 적극적으로 발전시켜 산업화시킨 것은 서양이 먼저였다. 허브에서 추출한 정유(精油. essential oil)를 이용하는 자연치료법이 발달하면서 자연스럽게 채유를 목적으로 식물을 재배하기 시작했고, 더 좋은 향을 위해 개량 식물들이 등장했다. 대략 1750년경 박하 재배가 시작되었고 독일은 1770년이라고 하며, 이것이 미국으로 건너가(1812년) 다시 일본을 거쳐(1817년) 한국에 들어온 것은 1910년경이었다. 상업적으로 재배를 한 기록을 보면 1925년 전남 무안군 청계면에서 일본의 동양척식주식회사가 시험재배를 하였다.

현재 우리나라에서 재배하는 박하는 거의 서양종이다. 한국도 원래 박하의 자생지였지만 지금은 이들 외국산 박하가 장악해버렸다. 하지만 호남지방을 중심으로 여전히 산과 들에 남아있는 자생 박하가 있는데, 그것은 '개박하'(혹은 돌박하. 서양에서는 Catnip)라고 부르는 것이다. 여기서 '개'는 가짜, 혹은 흔하다는 뜻으로 쓰이는데 '개살구'에서는 가짜, '개나리'에서는 흔하다는 뜻이다. 개박하의 개는 가짜라는 의미와 흔하다는 의미가 다 들어있는 것 같은데, 박하와 마찬가지로 화한 느낌을 주는 멘톨 성분이 들어있지만 양이 조금 적고 대신 신경안정에는 큰 효과를 보여준다.

아주 오래전부터 각광을 받은 식물인 만큼 그리스 로마 신화에도 박하에 대한 이야기 한 토막이 전해진다.

그리스 신화에서 땅 밑에 있는 사자死者의 나라는 하데스Hades가 지키고 있다. 제우스(하늘)와 포세이돈(바다)이 그의 형제이며, 그래서 막강한 뒷배경이 있는 신이다. 로마 신화로 넘어와서는 플루토Pluto라고 불리게 되는데, 부자라는 뜻의 플루톤Pluton에서 유래되었다. 하데스가 지하세계의 부를 땅 위의 인간에게 옮긴다는 믿음에서 비롯된 이름이다.

아무튼 이 하데스의 첫사랑은 페르세포네였다. 하데스의 사랑은 늘 과격했는데, 그는 꽃밭에서 친구들과 놀고있던 페르세포네에게 반해 납치를 하고 말았다. 그녀는 형인 제우스가 곡물의 신인 데메테르와 결혼해 낳은 딸, 즉 조카딸이었다. 데메테르는 강력히 반발했지만 바람둥이였던 제우스의 은밀한 지원 아래 페르세포네는 하데스의 부인이 되었다. 그런데 하데스는 페르세포네에 대한 사랑을 오래 유지시키지 못했다. 이번엔 강물의 신인 코키투스의 딸 멘타mentha와 사랑에 빠졌다.

이 멘타가 박하의 학명이다. 로마에서는 이 딸의 이름이 민테Minte로 변했고, 이것은 박하의 영어 표현인 민트Mint의 어원이 되었다. 다른 불행한 여인들과 마찬가지로 이 멘타(혹은 민테)라는 여인은 왕비인 페르세포네의 질투를 받았고, 그래서 풀로 변하는 운명을 맞게 되었던 것이다. 질투 때문인지 꽃은 작고 그다지 보잘것없었다. 하지만 향기만은 짙어 불행한 운명을 넘어 사람들의 지극한 사랑을 받게 되었던 것이다.

먹의 향료에서 칵테일까지

박하가 특이하게 사용된 예를 보자면 먹의 향료로 쓰인 것이다. 예부터 우리나라의 송연묵(소나무 그을음을 주재료로 만든 먹)은 수출품목이었는데, 먹을 만들 때는 아교가 들어간다. 그런데 아교에는 좋지 않은 냄새가 나서 박하를 향료로 쓰곤 했던 것이다. 또 얼굴의 살결을 곱게 하기 위한 수세미 미안수에도 박하즙을 활용했다. 토막 낸 수세미를 솥에 넣고 삶으면 끈적거리는 즙이 나오는데, 여기에 박하잎의 즙을 섞으면 향기나는 미안수가 되었다.

그러나 박하는 기본적으로 약초이자 향신료였다. 초피나무 껍질을 말린 천초川椒와 더불어 박하는 고추가 들어오기 전 우리 음식에 자주 어울렸던 것이다. 하지만 음식에 쓰인 향신료로서의 박하 이용법은 거의 사라져버렸다.

박하의 줄기와 잎을 증류하여 냉각시키면 하얀 가루가 나온다. 이것을 정제하여 결정체로 만든 것이 박하뇌다. 이것을 입 안에 넣으면 입냄새가 제거된다. 요즘의 박하사탕처럼 향기가 있고 시원한 맛이 나는데, 결핵 치료제로도 사용되었다. 관절염이나 신경통에는 이 박하뇌를 고약으로 만들어 붙였다.

박하유는 허브의 에센셜 오일처럼 박하에서 짜낸 정유다. 위를 청소하고 바이러스를 억제하는 기능이 있어 오늘날 치약이나 잼, 사탕, 화장품, 담배 등에 쓰는 박하는 다 이 박하유에서 나온다.

박하유를 알코올과 1 : 9로 섞으면 박하정이 되는데 소화를 돕고 식욕이 나게 한다거나 장에 차있는 가스를 배설시킬 때 쓴다. 또 박하유와 증류수를 10 : 2로 섞어 끓인 다음 여과지로 걸러낸 물을 박하수라고 하는데 입 안이나 목구멍에 병이 생겼을 때 쓰고 위장병 치료에도 효과가 있다.

박하가 가지고 있는 향기, 시원한 맛은 멘톨menthol 성분 때문이다. 박하뇌는 이 멘톨 성분으로 이루어져 있고 박하유에도 다량 함유되어 있다. 멘톨이 너무 많으면 혀를 찌르지만 소량일 때는 청량감이 있다. 이 청량감을 이용하면 맛있는 박하 음료를 만들 수 있다.

스매시Smash라는 술은 박하의 싹을 으깨서 설탕, 양주, 소다로 만드는 음료로, 같은 박하의 싹으로 만든 줄렙Julep처럼 시원한 맛이 일품인 칵테일이다. 우리나라에서는 전통적으로 박하주를 만들어 마셨는데, 소주 1리터에 잘게 썬 박하잎 50g을 넣어 2개월 정도 밀봉해서 마신다. 특이한 향은 여기서도 다름없고 입 안의 청량감으로 색다른 묘미를 느끼게 하는데, 다른 술과 섞어 마셔도 향기는 유지된다.

그런데 무엇보다 조상 전래의 박하 음료는 박하차다. 이미 신라 때 말린 박하잎으로 차를 만들어 마셨다는 기록이 있다. 깨끗이 씻은 박하잎을 물에 넣고 오래 끓인 다음, 체로 찌꺼기는 걸러내고 꿀이나 설탕 같은 것을 섞어 마신다. 유럽에도 박하차가 있는데 특히 모로코에서는 밤이고 낮이고 마실 수 있는 모로코 최고의 차로 꼽힐 정도다.

서정주의 시에 '화사花蛇'가 있다.

> 사향麝香 박하薄荷의 뒤안길이다
>
> 아름다운 배암……
>
> 얼마나 커다란 슬픔으로 태어났기에
>
> 저리도 징그러운 몸뚱어리냐

여기서 사향은 사향노루의 향낭에서 나온 분비물인데 우리 전래의 대표적인 향기상품이다. 서정주는 이 사향과 박하를 향기로 대표되는 생명력으로 표현하고는, 그 뒤안길에 원시적 생명력의 상징인 꽃뱀을 등장시킨다. 시야 어쨌든 간에 박하를 생명력의 향기로운 상징으로 삼은 것에 주목하자. 그 청량함과 시원함의 생명력은 수천 년 전부터 그래왔던 것처럼 앞으로도 수천 년간 인간의 코와 입을 즐겁게 할 테니까……

2장

레드*red*

신사임당 〈초충도〉-원추리와 개구리

석류향기 바람 타고 담 넘어오자 / 꽃소식 전하는 이 면 여정부터 생각하네 / 그대에게 말길이 어찌 이재 만을 피함이겠는가 / 자식이 많다는 것 또한 무엇보다 좋은 일이지 / 비단 주머니 열고 보니 옥구슬 가득하고 / 황금방마다 겹겹이 끌맛을 저장했구나 / 바라보는 것만 즐기다 글쓰기마저 잊었는데 / 수많은 별 매달려 새벽 거리에 반짝이네

팥

아기장수의 팥 군사

만약, 당신이 겨드랑이에 날개가 달린 아이를 낳는다면?

누구에게도 쉬운 상황은 아니다. 그런데 전국적으로 널리 퍼져있는 아기장수 설화에서의 부모는 아기를 죽이고 만다. 태어나자마자 겨드랑이에 날개가 돋아 날아다니기도 하고 힘이 무척 센 아기를 본 부모는 장차 이 아기로 인해 화를 입을까 두려웠던 것이다. 이 아기장수 설화는 뛰어난 능력의 소유자가 부모를 포함한 주변 사람들의 시기와 무지로 제 뜻을 펼치지 못하는 상황을 잘 그려내고 있다.

아기는 죽으면서 유언을 남긴다. 부모가 자식을 죽이면서 유언까지 듣는다는 건 참으로 비정상적인 연출이라 할 것인데, 아무튼 아기는 자기 무덤에 콩 닷 섬과 팥 닷 섬을 같이 묻어달라고 한다. 형님뻘인 콩(大豆)이 등장하면 어김없이 아우인 팥(小豆)이 등장하는데, 이 설화에서도 예외가 아니다. 그런데 콩과 팥은 왜 무덤에 함께 묻어달라고 했을까?

이 대목이 설화의 가장 흥미있는 부분이다. 나중에 관군이 아기장수의 소문을 듣고 군대를 이끌고 와봤더니 무덤에서 막 아기장수가 부활하려는 참이었다. 그런데 아기장수는 혼자가 아니었다. 콩은 커다란 말이 되고, 팥은 붉은 옷을 입은 군사들이 되고 있었다. 놀란 관군들은 서둘러 아기장수와 콩 말과 팥 군사들을 죽이고 만다. 영웅은 재기하기 직전에 다시 한 번 좌절당하고 만 것이다.

벽사僻邪의 붉은 빛

팥의 모양새를 보면 가늘고 긴 원통형 꼬뚜리에 4~8개의 열매가 들어있다. 겉모양만 보면 콩과 너무나 닮아있는 이웃사촌이지만 꼬투리를 까보면 엉뚱하게 자잘한 붉은색 열매가 튕겨져 나온다. 겉모습은 비슷하지만 알맹이가 자잘해서인지 팥은 어떤 이야기 속에서도 늘 콩의 조연에 머문다.

하지만 영원한 조연도 결코 쉬운 일이 아니다. 어떤 영화에나 자주 등장하는 조연들을 보면 그 나름의 존재의의와 색깔이 뚜렷하다. 주연 못지않은 개성과 연기실력이 있어야 영원한 조연을 할 수 있다. 그러다가 어느 한순간 주연의 기회를 낚아채기도 하는 것이다.

팥에게 있어서 개성이라 하면 그 엷은 단맛이 될 터이고, 색깔이라 하면 벽사의 붉은색이다. 이 두 가지만 갖고도 팥은 수천 년을 버텨왔다. 한반도에서 팥의 유적이 최초로 나타난 것은 옛 옥저의 땅이던 함경북도 회령군 오동의 청동기시대 유적에서다. 옛 백제 지역의 군대창고 유적에서도 발견되는데, 팥은 원산지가 동양인지라 한국은 물론이고 중국, 일본에서도 아주 오래전부터 재배되어 왔다.

동양 3국은 팥에 대해 거의 똑같은 생각을 갖고 있다. 그것은 팥의 색깔인 벽사의 붉은색 때문이다. 음양론에 의하면 붉은색은 양陽을 상징한다. 반면 악귀나 재앙은 음陰이다. 음을 제어하기 위해선 양이 필요하고, 그 양의 상징이 붉은색이다. 따라서 붉은색은 벽사의 색이었다. 그런데 반공의식에 투철해야 했던 지난 20세기, 붉은색은 공산당(혹은 빨갱이)의 상징으로 혐오의 색이었는데 우리네 전통의식과는 상반된 인식이라고 할 수 있다. 2002 월드컵에서 온 국민이 붉은색 물결로 넘실거릴 때, 붉은색에 대한 약간의 저항감(반공의식 때문에)을 가지다가 이내 붉은색의 마력에 빠져들고야 말았던 것도, 반공보다 더 훨씬 오래된 양기陽氣의 상징인 밝은 붉은색에 대한 전통의식이 잠재되어 있었기 때문은 아닐까?

아무튼 이러한 공통인식에 기초해 탄생한 팥 음식이 있었으니 바로 팥죽이다.

다만 일본에서는 팥죽보다는 팥밥을 쓴다. 대개 천연두나 홍역, 다래끼와 같은 흉병에 걸렸을 때 쓰는데, 일부지역에선 팥밥을 바치고 환자에겐 적황색의 무명 머리띠를 해준다. 천연두신의 기분을 맞춰주는 거란다.

팥죽에 대해서는 6세기경 중국 양쯔강 유역의 연간 풍습을 기록한 ≪형초세시기荊楚歲時記≫란 책에 유래담이 나온다. 전설의 요순시대에 형벌을 맡은 관리인 공공씨에게 아들이 하나 있었는데, 동짓날에 죽어 역질귀신이 되었다고 한다. 그런데 이 아들이 생전에 팥을 두려워했기로 팥죽을 먹으면 역질귀신이 달라붙지 않는다고 믿었다는 것이다. 이

것이 동짓날 팥죽 먹는 풍속으로 변해 우리나라에 전해졌다. 지역에 따라서는 역질귀신이 흰말, 즉 백마의 피를 두려워하는데 팥죽물이 마치 말의 피와 같으니 집 둘레에 팥죽물을 뿌려 귀신을 막아낸다는 이야기를 새로 만들기도 하였다.

≪삼국유사≫에도 팥죽 이야기가 나온다.

여주인공은 신라의 처녀 여왕인 선덕여왕. 남자주인공은 그녀를 사모하던 지귀라는 청년.

전해지는 이야기에 따라 조금 다른데, 지귀가 사모하던 여왕을 따라가다 접근한 것은 여왕이 직접 지은 분황사에 예불을 드리러 갈 때라고 한다. 여왕은 만나주기를 간청하는 지귀를 뿌리치고 예불을 끝마쳤는데, 나와 보니 지귀는 그새를 기다리지 못하고 죽어있었다. 그 후 지귀는 원귀가 되어 신라 사람들을 괴롭혔고, 여왕이 스님들의 의견을 따라 팥죽을 문가에 뿌렸더니 그 후부터 원귀가 사라졌다는 것이다. 어쨌든 이런저런 연유로 동짓날 팥죽은 원귀를 물리치는 상징이 되었다.

붉은 팥으로 집집마다 죽을 쑤어
문에 뿌리어 부적을 대신한다.
오늘 아침에 비린내 나는 산 귀신을 모조리 쫓으니
동지에 양기나면 길한 상서 맞는다.
≪해동죽지海東竹枝≫ (최영년, 20세기 초)

중국에서는 팥죽을 정월 보름에 먹었다. 우리나라에서도 팥죽은 비단 동지만이 아니라 정월 보름에 먹기도 한다. 이런 풍습은 태양의 활동과 관계가 있는데, 예전에는 동지가 새해 첫날이었기 때문이다. 알다시피 동지는 1년 중 밤이 가장 긴데 무려 14시간 20분가량이다. 하지와 비교하면 5시간 10분 정도가 더 길다. 이것을 역으로 생각하면 하지는 앞으로 밤이 더 길어지는 시작일이고, 동지는 이제부터 낮이 더 길어지는 출발점이다. 그래서 중국 주나라에서는 동지를 새해 첫날로 여겼다.

동지는 태양력을 사용하는 유일한 명절이기에 음력과의 관계에 따라 애동지, 중동지, 노동지로 나눈다. 동지가 11월 초순에 걸리면 애동지, 중순이면 중동지, 하순이면 노동지다. 우리 풍속에서는 중동지와 노동지 때는 팥죽을 먹지만 애동지때는 팥죽 대신 팥시루떡을 먹었다. 이름이 애동지라선지 이 때 팥죽을 먹으면 아이들에게 나쁜 영향이 있다고 믿었기 때문이다.

팥의 붉은색을 활용한 민속으로는 이 밖에도 이사할 때 새집에 있는 악귀를 물리치기 위해 팥죽을 뿌리는 것, 성주신에게 팥시루떡을 대접하는 것, 감기 고뿔이 유행으로 번지면 마을 길 위에 팥죽을 뿌려 질병을 피한 것, 전염병이 유행할 때는 우물에 팥을 넣으면 물이 맑아지고 병기운이 없어진다고 믿었던 것, 심지어 김장을 할 때도 잘 익게 해달라고 팥시루떡을 장독, 대청, 부엌에 갖다놓고 비는 등 이루 헤아릴 수 없이 많다.

팥으로 만든 조두 비누

우리 조상들은 팥은 주술적인 의미에서 악귀를 물리칠 뿐만 아니라 실제로 효험이 있다고 믿었다. ≪세종실록≫에도 그 기록이 나온다.

왕이 널리 퍼지고 있는 전염병 예방책을 신하들에게 묻자 그중 하나로 팥을 사용하는 방법이 나온다. 내용을 보면 '새 베로 만든 자루에 붉은 팥 1되를 담아 우물 안에 넣는다. 이를 3일 만에 꺼내 온 식구가 27알씩 복용한다'는 것이다(세종16년 6월 5일). 이 방법이 실제로 효험을 보았는지는 기록에 없다.

하지만 영양식으로는 오늘날에도 그 효험이 인정되고 있다. 역대 조선의 왕들은 식사 때 두 가지 수라(水刺. 임금에게 올리는 밥상)를 받게 되는데, 바로 흰수라와 팥수라다. 흰수라는 흰 쌀밥을 말하는 것이고 팥수라는 바로 팥밥이다. 다만 요즘의 팥밥과는 조금 달라서 팥을 삶은 물로 지은 밥을 말하는 것이다. 팥에는 전분(약 50%) 외에 라이신lysine 등 단백질이 20%나 들어있는데, 밥을 위주로 한 전통적인 식생활에서는 쉽게 섭취하기 어려운 성분이므로 팥밥은 그 자체로 훌륭한 영양식이라고 할 수 있다.

재미있는 것은 주술적 의미로만 해석되었던 팥의 붉은색조차 실제로 인간의 건강에 대단히 이롭다는 사실이 밝혀진 것이다.

팥의 붉은색에 기여하는 안토시아닌이라는 색소 성분은 망막기능과 야간의 시력을 향상시키는 데 도움을 준다고 한다. 또 안토시아닌과 함께 D-카테킨이라는 성분은 노화나 질병의 원인이 되는 활성산소의 해를 억제해서 혈관을 튼튼하게 해주고 암 등을 예방하는 역할까지 한다는 것이다.

팥에 포함된 주목되는 또 하나의 성분은 비타민으로, 특히 비타민 B1, B2가 많다. 영양실조의 하나인 각기병에 걸리면 다리가 붓고 맥박이 빨라지는데, 이는 비타민 B1이 부족할 때 생긴다. 또 비타민 B1이 부족하면 침착하지 못하고 신경질적인 성격을 갖게 된다고 한다. 또 비타민 B2는 몸 안의 대사를 활발하게 하는 작용을 한다.

팥의 약효 중 가장 재미있는 것은 피부미용에 대한 것이다.

신라시대에는 여자뿐만 아니라 남자들도 미용에 대단히 관심이 많았다. 박물관에서 볼 수 있는 당시의 귀고리도 남자들(특히 화랑)이 착용한 것이 많을 정도다. 그때부터 피부를 희게 만드는 여러가지 방법들이 고안되었는데 그중 하나가 '조두'라는 비누대용품이다. 조두는 곡식을 갈아서 만든 가루로, 가장 많이 사용된 것이 바로 팥이었다. 신라시대부터 시작된 이 화장법은 조선시대를 관통했는데, 먹을 팥도 없는데 화장할 팥을 가난한 백성들이 어디서 구하겠는가. 따라서 조두 미용법은 궁궐의 여인네들이 자주 사용해 경복궁에 흐르던 금천이 늘 희뿌연 조두 거품으로 가득 찼다고 전한다. 팥에 있는 사포닌이라는 성분이 세정효과가 뛰어났기 때문에 생긴 풍속이었다.

팥은 이처럼 그 붉은 빛깔로, 그리고 실제 약효로 우리 민족의 사랑을 받아왔다. 비록 콩처럼 주연의 자리를 차지하지는 못했지만, 때 되면 으레 볼 수 있는 영원한 조연이었다. 자, 조연에게도 사랑의 눈길을!

오미자

멋으로 먹는 꽃국수

맑은 분홍 진달래빛 물 위에 꽃을 띄워 빛깔과 풍류를 즐기며 마시던 화채花菜. 봄에서 가을까지 한국인의 대표적인 갈증해소 음료였던 이 화채에 꼭 필요한 것이 바로 오미자다.

새봄이 오면 연못에는 연꽃의 햇순이 이른 아침부터 돌돌 말려 물 위로 피어오른다. 이 때 연잎을 따 껍질을 벗기고 녹말가루에 묻힌다. 이것을 물에 살짝 데쳐서 오미자 물에 띄운 다음 꿀을 타서 맛을 조절하면 가련수정과가 된다. 궁궐 잔치에 즐겨 등장하던 음식으로, 이름은 수정과지만 곶감이 사용되지 않아 화채라고 할 수 있다.

계절에 따라 다른 재료를 사용하기는 한다. 봄에는 진달래, 여름엔 장미, 초가을엔 배를 띄운다. 하지만 맑고 청아한 진달래빛 물은 늘 오미자를 우려낸 물이다.

음력 3월 3일, 즉 삼월삼짇날은 9월 9일에 추위를 피해 강남 갔던 제비가 귀향하는 날이다. 이날 궁중에서도 조촐한 잔치가 벌어진다. 가련수정과 같은 음료는 물론이고 자리 깔고 번철을 걸어 진달래꽃으로 찹쌀전병을 부쳐 먹는다. 이 때 오미자 물로 만든 '화면花麪'이 또 별식이다. 10시간 정도 냉수에 담가 우려낸 오미자 물에 꿀을 타고, 녹말가루 반죽을 익혀서 채 썰어 넣는다. 여기에다 보기 좋아라 잣을 살짝 띄우면 이것이 바로 화면이다. 이름도 곱다. '꽃국수'라니.

오미자 덩굴로 완성된 견우교

오미자는 이미 이 땅에서 수천 년 동안 자라왔다.

오미자는 우리나라 산야 골짜기마다 군집을 이루어 자란다. 갈색 줄기는 나무를 타고 오르는 성질을 가져 마치 덩굴같다. 현재 북한의 함경북도 화성군 근동리에는 30ha에 이르는 오미자군락이 북한 천연기념물 제428호로 지정되어 있다. 펑퍼짐한 산능선에 개울이 흐르고, 개울을 끼고 온통 오미자 덩굴이 가득하다.

백두산도 오미자의 주요 서식지다. 그래선지 백두산 지역의 전설에는 오미자가 등장하는 것이 여럿 있다. 그중에 견우교 이야기를 해보자.

무려 20억 톤에 달하는 천지의 물이 급경사를 타고 흐르다 장대한 68m짜리 폭포를 이루니 이것이 장백폭포다. 천지물이 빠져나오는 달문에서 이 장백폭포까지 흐르는 내는 워낙 급경사라 하얀 포말을 이루며 흐르니 옛사람들은 이곳을 하늘의 냇물, 즉 '천하天河'라고 불렀다. 이 천하를 거슬러 장백폭포 위로 약 300m쯤 올라가면 징검다리가 하나 있는데 이것이 바로 견우교다.

견우직녀이야기에서 나왔지만 이곳의 견우직녀이야기는 좀 다르다. 견우와 직녀는 백두산 자락에서 살았는데, 어느 날 옥황상제가 직녀만 불렀다. 자식을 데려오는 건 허락하지만 견우는 함께할 수 없다는 청천벽력같은 이야기에 가족은 피눈물의 이별을 했다. 시인 서정주는 견우와 직녀의 이별이야기를 소재로 '견우의 노래' 라는 시를 썼다.

우리들의 사랑을 위하여서는
이별이, 이별이 있어야 하네
높았다, 낮었다 출렁이는 물스살과
물스살 몰아 갔다오는 바람만이 있어야 하네
(하략)

아무튼 눈물 콧물 빼는 슬픈 사연이 죽 늘어지다가 옥황상제가 이들을 불쌍히 여겨 이곳 백두산 천하에서 칠월칠석날 만나는 것을 허락해준다. 그런데 시련은 여기서 끝나지 않았다. 천하의 거센 물살과 돌맹이를 날리는 바람 때문이었다.

"낭군님!"

"아버지!"

직녀와 아이들은 견우를 부르며 건너려 해도 천하는 이를 용납하지 않았다. 밤새도록 그들은 서로를 애타게 바라볼 수밖에 없었다. 안녕, 내년에!

이에 까치와 까마귀와 사슴들이 등장한다. 그들은 이 눈물겨운 광경에 감동을 잔뜩 먹고는 천하에 징검다리를 놓아주기로 했다. 천하의 거센 물살에도 끄떡않는 돌을 나르기로 했다. 사슴은 뿔로 밀고 까마귀와 까치는 발가락으로 돌을 감았다. 그러나 힘이 너무 모자랐다. 바로 이 때, 구세주처럼 떠오른 생각이 있었으니 바로 오미자 덩굴이 그것이다. 수천 수만 마리의 까마귀, 까치들은 오미자 덩굴을 돌에 감고 당기기 시작했고, 수백 마리의 사슴들이 돌을 밀었다. 이러기를 얼마나 했을까? 마침내 그들은 천하에다 징검다리를 놓았다. 견우와 직녀 가족은 이 다리를 건너 만날 수 있었고, 그래 이 징검다리는 견우교가 되었다.

전설의 정력제 '독계산'에도 오미자가

오미자는 껍질은 시고, 과육은 달고, 씨는 맵고 쓰며, 전체적으로는 짠맛이 있어서 다섯 가지 맛이 있다는 뜻으로 이름이 붙었다. 예부터 함경도 오미자를 최고로 쳤는데, 맛도 맛이지만 정력제로 이름을 날렸다. 성 신경의 기능을 향상시켜 몽정夢精이나 정력감퇴에 현저한 효과가 있다고 한다.

중국 사천성에 여경대라는 태수가 있었는데, 독계산이라는 정력제를 먹고는 나이 70에 자식을 여럿 낳았다. 아내는 병이 났단다. 그래 마당에 약을 버렸는데, 수탉이 먹고는 힘이 뻗쳐 암탉 등에 올라 내리지 않으니 마침내 암탉의 벼슬이 다 벗겨져 대머리 닭, 즉 독계(대머리 독禿 닭 계鷄)가 되었다고 해서 독계산이다. 이 약은 ≪금병매≫에도 등장한다.

그런데 이 독계산이라는 정력제를 만들 때 오미자가 들어간다. 육종용 3푼, 오미자 3푼, 토사자 3푼, 원지 3푼, 사상자 4푼을 빻아서 체에 받쳐 분말로 만든 걸 하루에 한 스푼씩 먹는 것이 독계산이다. 하지만 상대가 없을 때는…… 먹지 말아야 한다.

독계산처럼 과하지 않은 강장음료로는 생맥산을 들 수 있다.

선천적으로 기가 허약하거나 병을 오래 앓은 아이들, 혹은 노인들은 여름철에 땀을 많이 흘리게 마련이다. 이 때 흘리는 땀에는 기운도 섞여 있다고 본다. 그래서 땀을 많이 흘리고 나면 비실비실해진다. 이럴 때는 음식으로 기를 보충해줄 수 있는데 그것이 바로 생맥산이다. 비단 아이뿐만 아니라 어른들도 여름 더위에 기운이 떨어졌을 때 숭늉처럼 먹을 수 있는 음료다.

생맥산을 만드는 법은 대단히 간단하다.

모두 세 가지의 생약을 넣고 물을 부어 끓이기만 하면 된다. 한약방에 가면 파는 맥문동 7.5~8g, 인삼과 오미자 각 4g을 적당히 물을 붓고 끓인 다음 식혀서 냉장고에 넣어두며 먹으면 된다. 이 생맥산에다 황기와 감초를 각 4g씩 더 넣으면 기력이 마구 솟아 생기가 돋는다고 하니, 좀 더 활력이 필요한 사람은 이렇게 먹으면 되겠다. 우리 조상들은 이 생맥산을 여름나기의 묘방이라 하여 즐겼다.

생맥산과 관련해서는 영조 임금의 재미난 일화가 있다.

하루는 신하들이 임금께 아뢰었다.

"성상께서는 좋은 술을 싫어하는 덕이 모자라 오직 술을 제한없이 마시면서도 잔치 자리에서는 술을 입에 가까이하지 말라는 분부를 하셨습니다. 더구나 시중에는 여색女色에 대한 경계를 하지 않는다는 소문이

돌고 있습니다."

영조 5년(1729년)의 일이니 36세 때의 일이다.

이 때 영조는 이렇게 대답했다.

"내가 왕이 되기 전부터 그런 소문이 돌더라. 환약을 복용할 때 술과 물에다 타서 마신 적은 있다. 또 생맥산을 마실 때 오미자의 빛깔이 자줏빛이기에 내가 웃으면서 '흔히 찻주전자를 술병처럼 여긴다는 말이 있지'라고 농담을 했는데, 이걸 보고 내가 술을 마신다고 하는가?"

금주령을 자주 내렸던 영조로서는 체면의 문제였을 것이다. 그렇다고 영조가 술을 아주 멀리하는 사람은 아니었으니, 신하들이 술 좀 먹는다고 이토록 타박을 하니 찻주전자에 생맥산 대신 오미자 술을 넣고 먹었을 듯도 하다. 자줏빛이야 똑같으니 말이다. 이런 의심이 전혀 근거 없는 것도 아닌 것이, 비슷한 이야기가 영조 12년(1736년)에도 또 나온다. 이 때 신하의 말은 이렇다.

"항간에 전해지는 말을 들으니, 성상께서 술을 끊을 수 없다고들 합니다. 허실을 알 수는 없지만 조심하고 염려하는 것이 좋겠습니다."

그러자 영조의 대답은 이렇다.

"내가 목이 마를 때에 간혹 오미자차를 마시는데, 남들이 간혹 소주인 줄 의심해서이다."

잘 알다시피 영조는 당파싸움을 말리는 일에 평생을 바쳤다. 그 때 마련된 것이 4색전(4색당파를 연상케 하는)인데, 커다란 신선로 하나에 4색전만 넣어 안주로 하는 술상을 자주 마련하였다. 노란 계란전, 검은 버섯전, 파란 파전, 붉은 당근전이 바로 4색전이다. 영조 임금은 신하들과 함께 한자리에서 오직 이 4색전만 안주로 삼곤 했는데, 술 한 잔에 계란 전 하나, 다음 술 한 잔에는 검은 버섯전 하나…… 이런 식으로 마셨다. 절대로 한 잔에 같은 색 안주 두 개를 먹지 않았다. 그리고 신하들에게 술을 권하며 어서 안주를 먹으라고 했는데, 임금의 뜻을 아는 신하들은 술 한 잔을 받고 나서는 반드시 나머지 석 잔을 더 먹고 안주 네 가지를 고루 먹으니, 이런 술자리는 으레 만취로 이어지곤 했다. 결국 이 술자 리의 끝은 참석한 사람들 모두 4색전이 푹 삶아진 신선로 국물을 떠먹 는 것이었다고 한다. 설혹 영조 임금이 술을 많이 드셨다 해도 다 이런 속내가 있는 것이다.

한국 사람들은 비빔밥을 좋아한다. 맵고, 짜고, 새콤하고, 달고, 약간 쓴맛이 골고루 섞여있기 때문이다. 냉면은 시원하면서도 새콤하고 달 콤하고 또 매콤하다. 고추장 역시 맵기만 한 것이 아니라 단맛과 짠맛 등이 고루 들어있다. 오미자의 '오미'나 이들 음식이 늘 같은 '다섯 가 지 맛'은 아니지만 비비고, 버무리고, 뒤섞여서 내는 특유의 맛이 한국 인의 입맛이 아닌가 싶다. 오미자는 게다가 물로 우려냈을 때 그 맑고 청아한 빛깔과 향기로 눈과 코까지 즐겁게 해준다. 여기에 강장과 갈증 해소의 효과까지 입었으니 오미자는 참 대단히 '한국스러운' 식품이랄 밖에.

대추

대추나무가 스님께 쌓은 공덕

산사의 스님들이 모여 식사를 하는 광경이 있다. 발우공양鉢盂供養이라고 한다. 식사를 시작하기 전에 진지한 목소리로 게송偈頌을 외운다.

"이 음식이 어디서 왔는고, 내 덕행으로 받기 부끄럽네. 마음의 온갖 욕심 버리고 몸을 지탱하는 약으로 알아, 도업을 이루고자 이 공양을 받습니다."

식사 때마다 이런 다짐을 한다면 마음이 절로 겸손해져 내 입으로 들어가는 음식에 대한 고마움에 목이 메일 것 같다.

발우공양의 발우는 말하자면 밥그릇인데 옛말로는 바리, 바루, 발다라, 바릿대, 바리때라고도 한다(발우는 부처님이 용을 밥그릇에 가둬 항복을 받아낸 데서 유래한다). 티베트의 정신적 스승으로 유명한 달라이 라마의 발우가 몇 년 전 한국에 온 적이 있는데, 철제 발우였다. 한국을 제외하면 대개가 철제와 구운 흙으로 만든 발우라고 하며 어쩌다가 한국은 목제 발우를 사용하는데, 통나무를 토막내어 크고 작은 것을 여러 개 파서 5~7층가량 포개어 1벌이 된다. 스님들은 마치 제 속살인 양 이 밥그릇을 소중하게 다루며 자기 밥그릇은 자기가 챙긴다.

발우 이야기부터 시작한 것은 발우도 알고 보면 대추 가문의 구성원이기 때문이다. 철이나 구운 흙으로 만들면 편했을 것을 나무로 만든 밥그릇으로 오래도록 쓰다 보니 재질이 단단한 대추나무를 재료로 많이 썼다. 그래서 우리나라 역사상 수많은 스님이 오고 가고, 혹은 법력이 높은 분도 있을 테고 땡초도 있었겠지만, 공평하게 그 분들의 육신의 생명은 대추나무가 서비스를 했던 것이다.

김수로왕이 받은 귀한 결혼 예물

추석이면 대추가 잘 익고 있을 때다. 푸른 바탕의 붉은 얼룩인지, 붉은 바탕의 푸른 얼룩인지 모를 대추의 얼굴을 들여다 볼 수 있다. 필자는 대개 고향인 강릉 오죽헌 옆에 있는 숙부님 댁엘 가서 그 일을 한다.

마당가에 사람키 정도의 크지도 않은 대추나무 서너 그루가 늘어서 있는데, 특별한 품종인지는 몰라도 거짓말 보태서 잎사귀가 안 보일 정도로 대추가 매달려 있다. 그놈을 몇 알 따서 수돗물에 쓱쓱 헹궈 입 속에 쏙 집어넣으면 달콤하면서도 시원한 과즙이 상큼하다. 심심풀이 땅콩이란 말도 있지만 대추도 나무에서 직접 따서 먹어보면 몇 개를 먹어도 성이 안 차 그만 먹어야지 하면서도 기어코 또 따서 먹고야 만다. 끝내는 주머니에 모셔둘 대추까지 따버린다.

이 대추가 언제부터 우리네 마당가에 서 있게 되었을까?

고려 때 명종임금(명종 18년. 1188년)이 과실수로 적당하니 널리 기르라고 권장한 기록이 있다. 당시는 무신들이 나라를 쥐고 흔들던 시대라

명종도 정중부라는 권력자의 추대로 즉위했다. 무신들의 술안주로 대추가 널리 아낌을 받았던 것일까? 지방의 진상품 목록에도 대추가 올라와 있으니 말이다. 아무튼 이 때쯤부터 대추가 전국적으로 널리 퍼진 것 같다.

더 멀리 거슬러 올라가면 경상도 지방에 있었던 가야국의 건국신화에 대추가 등장한다. 다들 알다시피 가야연합의 왕들은 구지봉에서 발견된 6개의 황금알에서 나왔다. 그중 가장 먼저 알에서 깨어난 이가 대가야의 김수로왕이다. 김수로왕은 이국의 여인을 황후로 맞았는데 그녀가 바로 '차' 이야기에서 이미 소개드린바 있는 이국의 여인 허황옥(許黃玉. 33~89년)인데, 그녀가 가지고 온 선물에 대추와 복숭아가 있었다고 한다.

그렇다면 김수로왕은 인도산 대추를 먹은 최초의 한반도인이다. 왜냐하면 세계의 모든 대추는 중국 원산과 인도 원산의 두 가지로 나뉘는데, 한반도와 같은 기후에서는 인도의 아열대 기후에 적응한 대추나무가 자라지 않기 때문이다. 지금도 한반도의 모든 대추나무는 중국에서 유래된 종의 후손들이다. 그러니 김수로왕은 지금으로서도 정말 귀한 대추를 결혼 예물로 받은 셈이다.

인도산 대추가 이렇게 건국신화에까지 끼어든 반면 중국산 대추는 뚜렷한 족적을 보여주지 못했다. 하지만 중국 화북지방과 만주 일대에서는 기원전 2000년경부터 일찌감치 중국계 대추의 주산지가 형성되었다고 하니, 가까운 한반도에 전래된 시기도 인도산 대추보다 빠를 것으로 추정할 수 있다. 아마 가야국 건국신화에 대추가 등장한 것은 기존의 중국산 대추와 모양과 맛이 다른 인도산 대추의 신기함 때문이 아닐까?

신선이 먹는 과일

재미있는 토픽을 본 적이 있다. 수십 년 전에 아버지가 벼락을 맞고서도 기적적으로 살아났는데 수십 년 후에 그 아들도 벼락을 맞고 끄떡없이 건강을 회복했다는 것이다. 그 부자는 천둥과 벼락의 힘이 깃들었으니 어떤 흉험한 장애물도 무서워 도망갈 것이 틀림없다.

벼락 맞은 대추나무를 벽조목이라고 하는데, 역시 천둥과 벼락의 힘 때문에 귀신이 공포를 느낀다고 해서 부적이나 도장의 재료로 즐겨 썼다. 그런데 한 가지 의문이 생긴다. 왜 하필 대추나무인 것일까? 벼락 맞은 나무가 어디 대추나무뿐인가?

또 죽은 조상에 대한 제사상에서도 대추는 빼놓을 수 없는 주연이다. 홍동백서(紅東白西. 붉은 과일은 제사상 동쪽에 놓고 흰빛이 도는 과일은 서쪽에 놓음)의 차례에 따라 첫손 꼽히는 과일이 대추다. 대추가 특별히 죽음, 귀신 같은 것에 대한 상징적인 의미가 있는 것일까?

단정적으로 말할 수는 없지만 중국에서의 대추가 가지는 상징을 살펴보면 대추에 대한 옛사람의 생각을 추론해 볼 수 있다.

중국에서는 대추 열매를 신선들이 먹는 신성한 과실로 여겼다. 사실한창 잘 여물고 있는 대추 열매를 보면 피부가 얼마나 탱탱하고 매끄러운지 속이 투명한 유리구슬보다 더 영롱해 보인다. 게다가 그 신선한 맛까지 겸비했으니 신선들이 즐겨 먹었음직하다. 그래서 고대 중국의 제사에서 대추는 그 신성함 때문에 제상의 과실이 되었다.

중국 한나라의 전설적인 왕인 무제(BC 156~87년)가 곤륜산의 선녀 서왕모西王母와 만나는 술자리에도 대추는 등장한다. 그 이전 시기부터 서왕모의 전설이 내려오던 터라 한나라 시대에 와서는 민간에도 서왕모 이야기가 널리 퍼져 있었다. 그러니 훌륭한 왕으로 칭송받던 한무제가 서왕모를 만나지 않고는 배기지 못했을 것이다. 그리고 왕으로서는 뭔가 희귀한 술과 안주를 가져가야 했을 것이다. 그래서 준비한 것이 포도주와 대추다. 포도주는 서역에서 나는 귀한 술이었고, 대추는 옥문이란 지역에서 난 맛깔스런 안주였던 것이다(옥문은 지금은 석유가 나는 유전지역으로 유명하지만 한무제 시대에는 서역과의 통상로 — 당나라 시대의 실크로드 — 로서 중요한 위치에 있던 곳이다).

신선이 먹는 과실. 영웅이 미녀를 만날 때 주안상에 올려진 대추. 이와 같은 상징들은 한반도로 대추가 전래될 때 함께 건너왔을 것이다. 그것이 한국적 민속신앙, 그리고 조상숭배의 이데올로기와 접목되면서 제사상의 필수품목으로 자리잡은 것이다.

대추는 또 우리나라 사람들에게 아들의 상징이었는데, 서울지역에서는 꿈에 대추를 보면 아들을 낳는 태몽이라 여겼고 경기도와 충청도에서는 제사를 지낸 후의 대추를 먹으면 아들을 낳는다고 믿었다. 폐백에서 며느리 치마에 대추를 던지는 것도 첫아들을 낳으라는 의미다.

여성 회춘의 묘약

대추가 어디어디에 좋다는 이야기는 쉽게 들을 수 있다. 감기, 불면증, 신경안정제 등 안 쓰이는 데가 없고, 음식 재료로도 죽, 수프, 요리, 과자에까지 두루 소용된다.

그런데 그중에서도 특히 대추와 여성의 관계는 특별하다.

옛날부터 날대추는 술로 담가 마시기도 했는데, 이것이 여성들에게도 특별한 효능이 있다고 한다. 바로 다이어트 효과 때문이다. 그것은 대추가 가지고 있는 이뇨작용, 즉 오줌을 잘 나오게 하는 성질 덕분이다. 같은 이유로 마른 사람에게는 그다지 권장할 수 없다. 오줌을 자주 누게 되어 마른 체형이 더 바싹 마르게 되니까 말이다.

임산부의 경우에도 대추가 태아와 산모의 건강에 대단히 좋은 효능을 나타낸다고 한다. 이 때는 날대추를 먹을 것이 아니라 구운 대추가 좋다고 한다.

그런데 뭐니 뭐니 해도 대추와 여성의 관계에서 가장 흥미로운 사실은 중국의 측천무후와 서태후의 예화에서 엿볼 수 있다.

측천무후(則天武后, 624?~705)는 당나라 건국공신의 딸로 태종의 후궁이었다가 태종의 아들인 고종의 황후가 되었으며 자기의 두 아들을 차례로 황제로 등극시키며 배후에서 권력을 휘둘렀고, 끝내 주나라를 세워 15년간이나 중국 유일의 여성황제로 군림한 인물이다. 이 여장부가 이렇게 많은 일을 한 것은 80세가 넘도록 왕성하게 살았기 때문인데, 그 비결이 식사 때마다 챙겨 먹은 대추와 매실에 있다는 것이다. 이리하여 측천무후는 80세가 넘도록 갱년기를 모르고 살았다는 여성 삶의 신화를 남기고야 만다.

19세기 또 한 명의 여장부 서태후(西太后. 1835~1908)도 대추와 매실을 한끼도 빠짐없이 식용하여 74세까지 살았다. 더더욱 놀라운 것은 노인이 된 서태후의 머리는 여전히 검었으며, 70세가 넘도록 주름이나 기미조차 보이지 않고 피부가 팽팽했다는 사실이다.

이렇게 보면 대추는 여성에겐 회춘의 묘약인 셈이다.

복분자

여름 산길 야트막한 고갯길마다 반기던 산딸기

모처럼의 가족 산행에서 만난 산딸기. 가게에서 돈을 주고 사지 않으면 먹을 수 없는 줄 알았던 과실이 나뭇가지마다 공짜로 매달려 있으니 아이들에겐 여간 신나는 일이 아니다. 이 아이들에게 이런 환경을 늘 만들어주지 못하는 것에 대한 안타까움과 함께, 소중한 줄도 모르고 그 속에 묻혀 살았던 내 어린 시절의 아련한 기억이 떠오른다. 푸르름에 지쳐버린 여름 산길, 야트막한 고갯길마다 빠알갛게 숨어있던 산딸기들. 반달곰도 먹고 꾀꼬리도 먹고, 그리고 어린아이들도 먹는 산딸기.

골짝 바위 서리에 빨가장이 여문 딸기
가마귀 먹게 두고 산이 좋아 사는 것을
아이들 종종쳐 뛰며 숲을 헤쳐 덤비네
(시조시인 이태극, '산딸기' 중에서)

이 시가 쓰여진 것은 1955년이다. 이태극 시인은 이 시조로 등단했다. 그 때 시인의 눈에 보였던 그 아이들은 지금 환갑을 바라볼 나이다.

그렇게 세월이 흘렀지만 산딸기는 아직도 장난꾸러기 아이들의 신나는 먹을거리이고, 다 큰 어른들은 삽시간에 추억 속으로 끌려간다.

한국에서 자생하는 특산 품종 나무딸기

그런데 통칭 산딸기라고 부르는 것에는 실로 다양한 종류가 있다. 복분자딸기도 그중 하나다. 만약 복분자딸기와 산딸기를 정확하게 구분할 줄 안다면 당신은 전문가다. 아주 오랜 세월 동안 복분자와 산딸기는 대중의 상식 속에서 제자리를 찾지 못한 것 같다. 복분자술이 유명해지면서 복분자는 알아도 복분자가 자생 딸기의 일종이라는 것조차 모르는 젊은이도 많다.

우선 '딸기' 에서 시작하자.

딸기는 크게 두 가지로 나눌 수 있다. 장미목 장미과의 여러해살이풀에서 열리는 과일채소가 우리가 흔히 보는 딸기strawberry다. 풀에서 자라는 열매이기 때문에 크게 보면 채소로 분류된다. 고대 북유럽 신화에서는 '프리카' 라는 여신에게 바쳐졌다고 하고, 성모 마리아도 아주 좋아했다는 야생딸기. 중세에 식용으로 재배가 시작되었지만 본격적인 재배는 신대륙의 딸기 품종이 유럽으로 건너오면서부터다. 북아메리카 동부와 남아메리카의 야생종은 열매가 컸다. 17세기 중엽부터 이들 외래종의 교잡을 통해 품종개량이 시작되었다. 일본에 들어온 것이 19세기 초, 한반도에 전래된 것은 20세기 초다. 1970년만 해도 연간 생산량이 325톤으로 미국의 22만여 톤에 비교하면 생산량이 절대적으로 부족

했지만, 2002년엔 20만 톤을 넘어서서 미국의 1/4 이상을 기록했다(미국 76만여 톤. 이상 원예연구소 기록에서 인용).

채소의 열매가 아니라 나무 열매로서의 딸기가 두 번째 분류에 해당한다. 이른바 나무딸기인데, 바로 이것이 우리가 구분하지 않고 부를 때의 그 산딸기인 것이다. 과일채소인 딸기와 장미과인 것은 같지만 나무딸기는 별도의 나무딸기속에 속한다.

나무딸기는 세계적으로 약 400여 종이나 있다고 한다. 이 중에서 가장 잘 알려진 것은 라즈베리류類와 블랙베리 종류다. 블랙베리는 이름처럼 까만색 딸기가 열리는데, 열매가 라즈베리보다 좀 크고 길며 수확할 때 꽃받침째 붙어있는 것이 특징이다. 반면 라즈베리의 경우 꽃받침은 나무에 붙어있고 열매만 툭 떨어진다. 우리나라에 자생하는 나무딸기는 대개 이 라즈베리에 속한다.

산딸기, 겨울딸기, 수리딸기, 곰딸기, 멍석딸기, 장딸기, 줄딸기, 섬딸기, 그리고 복분자딸기. 이상은 한국의 원예연구소에서 밝히는 8종의 우리나라 야생종 나무딸기다. 눈치 빠른 독자 여러분은 짐작하시겠지만 우리가 통칭 산딸기라고 부르는 것들 안에는 이렇게 다양한 종류의 라즈베리들이 있는 것이다. 그리고 복분자딸기는 그 라즈베리들 중의 하나다. 학명도 분명히 다른데 산딸기는 Rubus crataegifalus BUNGE이고 복분자딸기는 Rubus coreanus MIQ다. 복분자딸기는 한국과 중국의 특산종인데 학명에 coreanus가 있는 걸로 보아 한국 특산으로 보아도 좋다고 한다(경북대 박상진 교수).

이상의 내용을 한마디로 정리하자면 이렇다. 우리의 복분자딸기는 나무딸기의 하나이며, 전 세계에 수백 종이 넘는 나무딸기들 중에 한국에서 자생하는 특산 품종인 것이다.

요강을 엎는다?

복분자딸기를 산딸기와 구별하게 하는 것은 열매의 색깔이다. 산딸기는 우리가 흔히 머릿속에 떠올리는 이미지 그대로 붉은색을 띤다. 반면 복분자딸기는 익어가는 도중에는 붉은색을 띠지만 완전히 익으면 검은 빛을 띠는 것이 차이가 난다(그렇다고 블랙베리는 아니다). 또 산딸기는 보통 나무처럼 위로 자라는 반면, 복분자딸기는 줄기가 덩굴처럼 휘어 있다. 3m쯤 자라면 줄기의 끝이 땅에 닿는데, 거기서 다시 뿌리를 내리는 특징이 있다. 우리나라 야생 딸기 중에 멍석딸기라는 것이 있는데, 역시 나무딸기의 일종이며 아예 땅바닥을 기어다니며 바닥에 멍석을 펴듯이 자란다고 해서 멍석딸기라는 재미있는 이름이 붙었다.

그렇다면 한국인은 언제부터 복분자딸기를 알고 지냈을까?

야생 나무딸기라는 점에서 복분자 역시 오랜 세월을 이 땅에서 나고 자랐을 것이다. 그런데 기록상으로 처음 '복분자覆盆子'가 나타난 것은 ≪세종실록≫에서다. 세종 12년(1429년)에 노중례라는 내의원이 한반도 토종 약재를 중국 의원들에게 보였다는 기록이 나온다. 당시 선진 의술을 가진 것으로 인정되는 중국으로부터 토종 약재들의 약효를 인정받으려고 중국에 약재들을 보내 시험을 해보았던 것이다. 이 때 약효가 인정된 약재 열 가지와 약효가 인정되지 않은 약재 열 가지가 있었는데 그중 후자에 복분자가 포함되어 있다. 이 기록으로 보아 중국 의원들은 인정하지 않았지만 조선에서는 세종대 이전에도 복분자를 약재로 써왔음을 알 수 있다.

사실 복분자와 산딸기가 일반인의 상식 속에서 뚜렷이 구분이 안 된 이유는 한의사들의 약재 명칭 때문일 것이다. 한방에서는 완전히 익기 전의 나무딸기를 말려서 약재로 쓰는 것을 모두 복분자라고 불렀던 것이다. 하지만 앞서 설명한 바와 같이 품종으로서의 산딸기와 복분자딸기는 분명히 다른 종이다.

복분자딸기는 5월에서 6월에 꽃을 피우고, 6월 중순부터 7월 초순에 열매가 익는다. 익을 때는 여느 딸기와 다름없는 붉은색을 띠며 완전히 익으면 거무스레하게 변한다.

그런데 이 '복분자'라는 단어는 별로 예쁘지 않은 어감을 갖고 있다. 이름만으로 보면 산딸기가 훨씬 낭만적이고 상큼하다. '복분자주'보다 '산딸기주'가 훨씬 낫지 않은가. 그럼에도 복분자딸기만의 독특한 기능성 효과 때문에 그 이름을 버리지 못하는 것 같다.

이 이름에 대해서는 다양한 유래가 난무한다.

제일 흔한 것은 중국 이야기다. 한 노부부가 늘그막에 아들을 하나 낳았는데 영 허약해서 백약을 먹였으나 효험이 없던 즈음, 한 나그네가 산에서 나는 나무딸기를 먹이라고 조언을 해줬다. 그래서 이 열매를 먹였더니 몸이 날로 건강해져서 커서는 오줌을 누면 요강이 엎어질 정도였다고 한다. 이때부터 이 나무딸기를 복분자라고 불렀다는 것이다. 또는 복분자딸기를 먹으면 처녀가 요강을 엎는다고 해서 복분자란 이름이 붙었다는 이야기도 있다. 또 다른 설은 원래 이 열매의 모양이 항아리를 엎어놓은 모양으로 생겨서 복분자라고 불렀는데, 마침 정력에도 좋다는 것이 밝혀지면서 뜻이 와전되었다고도 한다. 사실 '분盆' 자는 동이 그릇이라는 뜻이다. 원래 요강은 투(㕧. 유라고도 읽음)라는 한자어가 따로 있다.

복분자와 토종의 세계화

한국 토종에다 몸에 좋다는 기능성 효과 때문에 복분자는 때 아닌 인기다.

자양강장이야 익히 알려진 효능이고, 고의서에는 여성의 불임증에도 효과가 있다고 나와 있다. 민간에서는 복분자에 청주를 뿌려 시루에 푹 찐 다음 말려 가루를 만들어 두곤 하였다. 이걸 매일 3번 따뜻한 술에 타 먹으면 비아그라 못지않은 정력제라고 믿었기 때문이다. 그런데 현대에 와서 복분자에 많이 있는 폴리페놀이라는 성분이 항산화작용을 하여 노화를 방지한다는 것이 새로 알려졌다. 게다가 맛도 좋으니 복분자의 인기에는 정말 이유가 있는 것이다. 그리하여 복분자주스, 복분자잼, 복분자떡, 복분자고추장, 복분자와인, 복분자브랜디 등의 상품들이 속속 등장하고 있다.

우리나라에서 복분자 생산량이 가장 많은 곳은 전라북도 고창 지역이다. 복분자술의 인기 때문인데 고창의 선운산 지역은 풍천장어, 녹차와 함께 복분자술이 3대 특산품이다. 이 지역에선 대략 30여 년 전부터 산지에 자생하던 복분자로 가양주를 만들어 먹기 시작했다고 한다. 이것이 지방 특산주 붐을 타고 상품화가 시작되었는데, 이 지역 최초의 주조공장이 생긴 것은 불과 10여 년 전인 1995년이다. 하지만 명품은 알아보는 사람이 있는 것인가. 현대그룹의 정주영 전회장이 1999년 북한 방문시 가져가 김정일에게 선물하면서 유명세를 타더니, 2000년에는 한국에서 열린 아시아 — 유럽 정상회의(ASEM)의 공식 건배주로 채택되면서 전국적인 인기를 끌게 되었다. 현재 고창에는 복분자시험장이 있으며, 약 300ha의 면적에 복분자를 재배하고 있다. 100년 후 복분자 와인과 브랜디가 세계적 명성을 얻게 되면 재배면적이 10000ha로 늘어나리라는 꿈을 키우고 있는 중이다.

하지만 서두른다고 될 일은 아니다. 로마 식민지 시대부터 이름났던 프랑스 보르도산 와인, 나폴레옹에게 사랑받은 코냑 지방의 쿠르부아지에 브랜디 등의 명성은 하루아침에 이루어진 것이 아니다. 지금 담가도 22세기에나 100년 묵은 복분자브랜디를 마실 수 있는 것이다.

산수유

매화꽃 핀 다음은 산수유꽃 피고

봄이 되면 꽃을 보자는 것이 우리네 마음 쏠림이다. 봄도 되기 전에 꽃을 보자는 욕심도 어쩌면 부릴 만하다. 그럴 때면 잎보다 먼저 꽃을 피우는 매화나 진달래가 그리 반갑다. 산수유꽃은 매화나 진달래보다 더 성질 급하게 거무튀튀한 나뭇가지에서 불쑥 옹기종기 노란 꽃무더기를 피워올린다. 3월이면 산길을 노랗게 물들이는 것이 꼭 뻥튀기한 개나리'꽃길 같다. 안도현 시인의 '3월에서 4월 사이'라는 시를 보면 '산서고등학교 관사 앞에 매화꽃 핀 다음에는 / 산서주조장 돌담에 기대어 산수유꽃 피고'라고 풍경을 더듬고 있다. 그 다음에는 조팝나무, 목련꽃, 개나리꽃, 자주제비꽃와 이름이 봄바람을 타고 줄을 잇는다.

산수유! 이름도 얼마나 고운가. '산山'자 돌림의 많은 식물들이 풍기는 그 산뜻한 느낌들을 공유하고 있다. 산나물, 산딸기, 산포도, 산머루, 산다래, 그리고……

채치있는 설화 속 엑스트라

그런데 산수유에 대한 최초의 역사적 기록을 보면 조금은 우스꽝스러운 설화 속의 엑스트라로 등장한다. ≪삼국유사≫에는 신라 48대 왕인 경문왕(?~875)의 설화가 기록되어 있는데, 거기에 산수유가 나오는 것이다.

경문왕은 우리 역사의 마지막 여왕이자 미소년을 궁중에 끌어들여 질탕하게 논 것으로 이름 높은 진성여왕(재위 887~897)의 아버지다. 나라는 그런대로 다스렸지만, 그의 치세에는 워낙 천재지변이 많아 걱정 근심이 사라질 날이 없었다. 예부터 나라에 천재지변이 일어나면 왕의 운세가 나쁘니 하는 말들이 많다. 그래선지 경문왕에게는 '임금님 귀는 나귀 귀'라는 설화가 전해진다. 많이들 들어본 옛이야기일 것이다. 그리스 로마 신화에서 황금의 손으로 유명한 미다스 왕도 당나귀 귀였고, 이 이야기는 세계 각국의 민담에서 거듭 확인할 수 있다. 유럽에서는 당나귀 대신 말이나 산양이 등장하기도 한다.

미다스 왕 이야기가 우리네 경문왕 설화와 다른 점은 미다스 왕의 비밀을 엿본 사람은 이발사였지만 경문왕의 비밀을 안 사람은 복두쟁이(왕의 모자를 만드는 사람)였다는 것이다. 또 미다스 왕의 이발사는 강둑에 구멍을 파고 소리를 질렀고 갈대가 전령 역할을 하지만, 복두쟁이는 도림사 뒤켠 대나무 숲에다 대고 속을 풀었다는 점도 다르다.

산수유가 등장하는 것은 그 뒤다. 바람만 불면 대나무 밭에서 '우리 임금의 귀는 나귀 귀처럼 생겼다'는 소리가 들리자 왕은 대나무를 베어 버렸다. 그리고 대신 산수유나무를 심었다. 그런데 꽤 재치있게 말을 축약할 줄 아는 산수유나무들이었나 보다. 그 뒤 산수유나무 숲에서는 이

런 소리가 들렸으니까. '우리 임금의 귀는 길다.'

산수유가 있는 풍경

산에 산수유나무가 있는 풍경은 아주 오래전부터 존재해왔다. 중국 남부와 한반도 남부는 산수유나무의 원산지다. ≪세종실록지리지≫에는 경상도 경주부의 특산물 중 하나로 산수유가 언급되어 있다. 오늘날에는 남한 전국에 걸쳐 볼 수 있지만, 여전히 남부지방이 주산지이고 그중에서도 전라남도 구례군 산동면이 유명하다.

산동면은 중국 남부의 산둥성에서 이름이 유래되었다고 하는데, 오래전 산둥성의 한 처녀가 이 지역 총각에게 시집오면서 산수유나무 씨앗을 가져왔다는 이야기가 전해진다. 현재 이곳의 산수유 분포 면적은 약 30만 평, 국내에 생산되는 산수유 열매의 60%를 차지할 정도로 생산량이 많다.

구례 지방에서 나는 산수유는 세계 제일의 품질을 자랑한다. 10월경이면 가지마다 빨갛고 오동통하게 탐스러운 열매들이 주렁주렁 매달린다. 반들거리기는 앵두 같고 생기기는 약간 길쭉하니 대추를 닮았다.

이 빨간 열매를 잘 말린 다음 항아리에 넣고 5~6배 정도의 소주를 부어 3개월간 그늘에서 보관하면 산수유주가 된다. 이 때 산수유 알갱이를 건져내고 술만 다른 병에 옮겨서 보관하면 먹고 싶을 때 먹을 수 있다. 원래의 산수유 열매는 약간의 단맛과 더불어 신맛이 나는데, 이 때문에 술을 담그면 풍미있는 맛이 배어난다. 다만 향기가 없는 것이 흠이

어서 향내가 좋은 다른 약용주나 과일주와 섞어 먹는 수도 있다.

산수유주는 맛도 맛이려니와 정력강장제로 이름 높다. '이 술 한 잔만 먹어봐' 인 셈인데, 산수유 자체가 ≪동의보감≫에서도 정력증강 효과가 탁월한 약재로 기록되어 있다. 간과 콩팥 기능을 강화시키기 때문에 산수유를 장복하면 몸이 가벼워지고 정력 소모로 인한 조로현상, 원기부족에 효과가 있으며 남자 쪽의 이상(정자수 부족)으로 임신이 안 될때에도 효과가 있다고 한다. 봄에 산수유꽃을 감상하면서 산수유주를 마시면 도대체 일 배 에 몇 가지 이익이나 얻는 것인지…….

차로도 즐기는데, 역시 말린 산수유를 이용한다. 산수유를 넣고 그 10배에서 20배쯤 되는 무게의 물을 부어 30분 정도 끓이면 집에서도 산수유차를 직접 만들어 먹을 수 있다. 물론 산수유차를 먹을 때 산수유는 건져내야 한다. 신맛을 제어하기 위해 끓이면서 설탕이나 꿀을 넣기도 한다. 가볍게는 감기나 피로회복에 효과가 있고, 귓속에서 소리가 나는 이명현상에 특효가 있다고 하며, 재료가 재료이니만큼 정력 보강에 도움이 된다. 게다가 오래 보관해두고 먹어도 부작용이 전혀 없다. 한방에 쓰이는 정력증강용 열매에는 3인방이 있으니 복분자, 구기자, 그리고 산수유가 아닌가 싶다.

궁중비방들을 되살려 상품화하는 게 요즘 유행이다. 그런데 산수유와 관련되어 이미 오래전부터 민간에 흘러나온 궁중비방이 있으니 바로 육미지황탕(혹은 육미지황환)이다. 인삼 등 열 가지 약재로 만든 보약의 대명사, 십전대보탕에 버금가는 명성을 가졌던 육미지황탕 역시 정력

보강에 효과가 크다. 산수유를 비롯해 숙지황 등 모두 여섯 가지 약재로 만든다. 특히 허약한 체질을 가진 사람은 장기 복용하면 효과를 볼 수 있다고 한다.

산수유와 문학

산수유의 이같은 효능은 어느 시인의 애틋한 어린 시절 추억에도 잠겨든다.

어린 아들은 병이 났다. 밤은 깊은데, 그 곁에는 '외로이 늙으신 할머니가 애처로이 잦아드는 어린 목숨을 지키고' 있다. '이윽고 눈 속을' 헤치며 '아버지가 약을 가지고 돌아오신다.' 그런데 그 약이란 다름 아닌 산수유 열매다. 시인은 '아, 아버지가 눈을 헤치고 따오신 그 붉은 산수유 열매'라고 노래한다. 그리고 젊은 아버지의 옷자락에 '열로 상기한 볼을 말없이 부비는' 것으로 사랑을 표시한다(김종길. '성탄제'에서 인용).

의사도 없고, 약방도 없는 산속 마을인가 보다. 병이 난 어린 아들 때문에 할머니를 비롯해 온 가족이 걱정이 이만저만 아니다. 제목으로 봐서 12월 말인데, 걱정하다 못한 아버지는 급기야 어딘가에 아직 매달려 있을지도 모를 산수유 열매를 찾아나선다. 눈 속에는 아직 빠알간 그 생명의 열매가 남아있을런가.

시인은 이제 나이가 들었다. 그때 아버지의 나이와 같은 서른 살이다. 이제 그는 아버지의 사랑을 이렇게 추억한다.

서러운 서른 살 나의 이마에

불현듯 아버지의 서느런 옷자락을 느끼는 것은

눈 속에 따 오신 산수유 붉은 알알이

아직도 내 혈액 속에 녹아 흐르는 까닭일까

좀 더 멀리 조선시대의 문학작품에 산수유가 등장하는 '구일취음九日
醉吟'이라는 시가 있다. 시인의 이름은 백대붕(白大鵬. ?~1592). 성은 희다
는 백白이고, 이름은 한 번 날개짓에 구만리장천을 난다는 상상 속의 거
대할 대大에다 붕새鵬이니 거창하기 이를 데 없다. 그렇다면 그의 윗사
람이 성품을 보고 지어준 이름인 자字는 과연 무엇일까. 만리萬里다. 얼
마나 대단한 신분이기에 이런 거창한 이름을 지었을까?

먼저 그의 시를 보자.

술 취해 산수유 열매 머리에 꽂고 혼자 즐기니

산에 가득한 밝은 달 아래 빈 병을 베고 있네

곁의 사람은 내가 무엇하는 사람이냐고 묻지를 마라

흰머리로 이 풍진 세상에 전함사의 종 노릇 한다네

여기서 전함사는 군함이나 뱃길 운송 등을 맡은 조선시대 정부기관
이다. 그러니까 백대붕은 이 정부기관의 종이었다는 이야기인데, 즉 그

는 천민이었던 것이다. 하지만 워낙 시재가 뛰어나서 허균 등 당대의 명시인들과 교류가 있었다. 그의 이름에는 신분제 사회에서 날아보지도 못하는 자신의 처지가 역설적으로 표현되어 있는 셈이다.

아무튼 이 시의 상황을 보면 제목에서 보이듯 9월 9일 중양절은 추석이 막 지난 가을이고 게다가 달 밝은 밤이다. 종 노릇을 한탄하기는 하지만 내내 술을 마시고는 빈 술병을 베고 머리에 산수유 열매를 꽂고 혼자 즐기고 있다(중양절에 산수유 열매를 머리에 꽂으면 사기邪氣를 물리친다는 것이 민간의 속설이다). 산수유나무 아래에서의 멋진 풍류가 아닐 수 없다.

이른 봄에는 성미 급한 노란 꽃으로, 가을이 익어가면 따라 앙증맞게 물이 드는 열매로 산수유나무는 이처럼 우리네 삶의 한 자락이었다. 산수유나무를 떠올리면 화려하지 않은 고즈넉한 정적의 산자락이 느껴진다. 하지만 요즘은 자연산 산수유나무를 보기가 쉽지 않다. 아쉬운 대로 산수유 마을로 이름난 전남 구례의 산동마을에나 가볼까? 2만 그루나 된다는 그곳의 재치있는 산수유나무들은 또 누구의 어떤 비밀을 폭로하고 있을까?

석류

이브가 딴 금단의 열매는 혹시 석류?

전쟁으로 얼룩진 이라크. 한 종군기자가 묘사한 티그리스 강가의 페쉬칸(수도 바그다드에서 북쪽으로 두 시간 거리)이라는 마을에는 '잎사귀가 무성한 나무에 빨간 석류가 익어가고' 있다. 전쟁이 인간을 황폐하게 만드는 동안에도 석류 열매의 종자들은 두터운 껍질 안에서 빨갛게 다음 세대를 준비하고 있는 것이다.

석류는 지구상 가장 건조한 지역에서 자랄 수 있는 과일 종류다. 또한 포도, 무화과와 함께 최초로 재배를 시작한 과실수에 속한다. 티그리스와 유프라테스 강가에서 기원전 7000년경부터 시작된 메소포타미아 문명은 그 지역에 널리 분포되어 있던 석류와 함께했고, 늦어도 기원전 2000년경에는 재배를 시작했던 것으로 보인다.

성서에서 묘사한 에덴동산에는 무슨 나무가 자라고 있었을까? 기독교의 성지인 서아시아 지방에 가장 광범위하게 자라고 있던 석류는 혹시 아니었을까? 성경에 보면 선지자 모세가 젖과 꿀이 흐르는 땅을 찾아 가나안에 정탐자를 보냈을 때, 그중 한 사람은 에스겔 골짜기에서 포도와 석류와 무화과를 가지고 돌아왔다. 그 땅에 하느님이 내린 축복의

7가지 식물을 보면 밀, 보리, 포도, 무화과, 올리브, 대추야자, 그리고 석류였다. 그렇다면 이브가 딴 금단의 열매도 사실 사과가 아니라 석류였던 것은 아닐까?

마침 석류의 영어도 pomegranate다. 여기서 granate는 고대 스페인의 남부 왕국인 그라나다를 뜻하는데, 유럽으로 석류가 전파된 최초의 지역이다. 그리고 pome는 고대어로 사과를 뜻한다. 석류에는 신맛과 단맛이 있는데 여기서 사과를 연상해서 그라나다의 사과라는 이름이 붙은 것이다. 기독교의 탄생지 주변에 광범위하게 존재한다는 점, 인류가 최초로 재배를 시작한 과수라는 점, 성경에서 자주 석류가 영광의 과일로 그려진다는 점, 그리고 이 묘한 이름 때문에 어떤 학자들은 에덴동산에서 이브를 유혹한 것은 사과가 아니라 석류라고 주장하기도 하는 것이다.

다산의 상징으로 전파되다

기원전 3세기 무렵, 중국 대륙에서 시황제가 천하를 통일하고 있을 때 북부의 몽골 지역에서는 두만이라는 사람이 흉노족을 통일하였다. 두만의 아들 묵돌은 아버지를 살해하고 스스로 선우라 칭하면서 지배권을 확립하였다. 이 세력에 의해 서몽골 지역에 거주하던 대월지大月氏족은 서쪽으로 쫓겨갔다. 그리고 그들은 중앙아시아의 가장 긴 강인 아무다리야 강가에 그리스인들이 세운 박트리아 왕국을 정복하여 정착하였다. 이후 중국에서는 한나라가 다시 중국을 통일했고, 한무제는 장건

(?~BC 114)을 파견해 대월지족과 협력하여 흉노를 물리치려 하였다. 이때 장건이 다녀온 길이 훗날 실크로드(이 명칭은 19세기에 만들어진 것이다)가 되었다.

중국인들은 석류가 중국에 도입된 것이 이 당시라고 말하고 있다. 원래 대월지가 정복한 이 땅은 페르시아 제국의 영토였다. 그 후 기원전 4세기 알렉산더 대왕의 동방원정으로 그리스인의 통치를 받게 되었고, 이 때 석류가 전파되었던 것이다. 그로부터 3세기 후 동쪽 나라에서 온 장건이 대월지족과의 협상에 실패한 후 돌아오는 길에 서쪽에서 전파된 석류씨를 가져왔던 것이다.

석류라는 명칭의 유래를 보면 안석국安石國에서 가져온 나무라고 해서 석류石榴라고 부른다고 한다. 대월지족이 세운 나라 이름이 안석국인지, 아니면 더 서쪽의 페르시아 후손들이 세운 나라를 안석국이라고 불렀는지는 확인하지 못했다. 아무튼 석류에 들어간 석石자의 의미는 생김새나 맛과는 관련없이 도래지의 이름을 붙인 것이다. 그리고 당시 석류가 버드나무가 잘 자라는 지역에서 자랐기 때문에 버드나무 류柳에다 밭 전田자를 조합하여 석류나무 류榴자를 만들었던 것이다.

그 후 한반도에까지 석류가 전파된 것은 삼국시대였던 것으로 보인다. 중국에서도 그렇지만 한반도에서도 석류나무는 다산과 풍요의 상징으로 옷이나 병풍, 가구 등에 문양으로 자주 쓰였는데, 한반도에서 발견되는 최초의 석류 문양은 통일신라시대의 암막새(기와 한쪽 끝에 둥글거나 네모나게 모양을 낸 부분)에 나타난다. 고려시대에는 상감청자에도 석류

문양이 들어가곤 했고, 조선시대에 와서는 다남多男의 상징으로 혼례복에도 새겨졌다.

붉은 비단 주머니 속의 옥구슬

두터운 석류 껍질 속의 투명하면서도 붉은 알갱이를 흔히 보석의 루비에 비유한다. 석류 열매 속에는 수많은 씨앗들이 맑은 과육에 둘러싸여 오밀조밀하게 박혀 있는데 언뜻 보면 정말로 보석같이 영롱하다.

하지만 사실 처음 석류를 보는 사람에게는 그 안의 맑은 루비들보다 울퉁불퉁하고 두터운 껍질에 더 시선이 간다. 이것은 석류꽃도 마찬가지다. 중국에서는 5월에 피는 석류꽃을 오월의 꽃이라고 칭송하고 스페인에서는 나라꽃으로 지정하기도 하였지만 석류꽃 역시 두터운 외피를 가지고 있다. 그 꽃의 끝머리가 불현듯 터지면서 보드라운 속살을 가진 꽃잎이 포실포실하니 겹쳐서 아름다운 자태를 드러낸다. 석류 열매도 이처럼 못생긴 외모의 옆구리가 툭 터지고 나서야 진정한 보석을 볼 수 있는 것이다. 이렇게 보면 석류는 외모의 꾸밈새로 자신을 자랑하기 앞서 내면을 가꾸는 삶의 자세를 가장 잘 드러내는 과일이라고 하겠다.

석류 속 알갱이에서 루비의 이미지를 발견한 것은 아주 고대 때부터의 일인 것 같다. 인도에는 부처님과 관련한 재미있는 설화가 있다.

천 명의 아이를 가지고 있는 마귀할멈이 있었다. 스스로 천 명이나 아이를 두고 있으면서도 남의 아이 알기를 우습게 알아서, 마을로 찾아가 아이를 납치해서는 보석과 바꾸곤 하였다. 마을 사람들은 언제 마귀할멈이 나타나 아이를 납치해갈지 두려워 떨다못해 부처님을 찾아갔다. 그런데 부처님은 마귀할멈을 바로 혼내주기보다는 부모의 아이 사랑을 깨닫게 해주기 위해 일을 꾸몄다. 즉, 마귀할멈의 아이 중 딸 하나를 감춰버린 것이다. 마귀할멈은 자기 아이를 찾아내기 위해 온 마을을 헤집고 다니며 울부짖었다. 부처님은 이제 마귀할멈도 자식의 소중함을 알았으리라 생각하며 '너는 천 명의 아이 중 하나를 잃었는데도 그리 슬피 우느냐'며 지금까지 납치한 아이를 다 부모들에게 돌려주면 창고 가득 있는 루비를 주겠노라고 말했다.

마귀할멈은 기꺼이 약속을 했다. 그리고 창고에 들어가 루비를 자루에 담았다. 얼마나 많이 담았는지 들 수 없을 정도였다. 그 때 잃어버렸던 마귀할멈의 아이가 찾아왔다. 그러나 할멈은 보석 욕심에 눈이 어두워 아이를 본체만체하고는 루비 자루만 짊어지고 가려 하였다. 결국 그 욕심의 무게에 눌려 할멈은 죽고 말았고, 그녀가 죽은 자리에서는 한 그루의 나무가 자랐으니 바로 석류나무라는 것이다. 그 후 사람들은 그 나무에서 자란 과실을 마귀할멈의 루비 주머니라고 생각했다는 것이다.

석류는 그 아름다움 때문에 역대로 수많은 시의 소재가 되었다. 사서에 나오는 최초의 석류 기록도 그래서 시와 관련이 있다. 고려 의종 5년(1151년) 6월, 왕이 궁내의 신하들을 불러 시제詩題를 내려줬는데 그것이 바로 석류화였다는 기록이 ≪고려사≫에 나와있다. 자칭 시인이었던 연산군도 석류를 좋아했고 신하들에게 석류에 관한 시를 쓰도록 하기도 했다. 하루는 석류꽃 한 가지와 함께 자신이 직접 쓴 시를 내렸는데, 굳이 내용을 풀어보자면 한가하게 하늘을 보다가 문득 뜰에 붉게 핀 석류 꽃을 보고는 가을인 줄 알고 술을 깼다는 내용이다.

푸른 잎 고운데 맑은 이슬 엉키고
붉은 꽃봉오리 진한데 시원한 바람 곁들었네
한가하게 하늘의 조화 구경하다가
가을철 온 줄 알고 술 깨게 되었노라
(연산군 10년(1504년) 5월 1일)

이 날의 연산군은 이미 포악한 성정이 맘껏 드러난 상황이었다. 폐비가 된 어머니 윤씨의 일로 각종 보복을 일삼다 할머니 인수대비에게 꾸짖음을 당하자, 머리로 들이받아 그 인수대비가 사망한 것이 불과 나흘전 4월 27일이었다. 그런 일이 있고 겨우 며칠도 지나지 않아 술 먹고 한가하게 하늘의 조화를 구경했다는 것이며, 그 혼란의 와중에 신하들에게 시를 쓰라고 자작시를 내렸다고 하니 석류 입장에서는 참으로 달갑지 않은 시인이었을 것이다.

여기에 비하면 조선 초의 시인 최항崔恒은 정말 적절한 비유를 선사하고 있다. 서양이나 인도에서 석류 알갱이를 루비에 비유한 것에 못지않다. 아마 이 시를 음미하고 나면 석류를 당장 먹어보지 않고는 못 배길 것이다.

석류향기 바람 타고 담 넘어오자

꽃소식 전하는 이 먼 여정부터 생각하네 (중략)

비단 주머니 열고 보니 옥구슬 가득하고

황금방마다 겹겹이 꿀맛을 저장했구나

(최항의 시 '안석류安石榴' 중에서)

여성에게 특히 사랑받은 과일

꽃이나 열매의 아름다움과 별도로 석류는 약효로서도 오랜 세월 여성들의 사랑을 받아왔다. 양귀비나 클레오파트라의 아름다움과 석류가 모종의 연관관계가 있다는 이야기는 오래전부터 내려왔다. 요즘은 새삼스럽게 석류 씨앗에 들어있는 에스트로겐 성분이 여성의 갱년기장애에 효과가 좋다는 연구 결과들이 나와 사랑을 받고 있다. 에스트로겐은 여성호르몬의 작용을 도와주는 것으로 알려져 있는데 석류 씨앗 1kg당 약 17mg의 에스트로겐이 있다고 한다. 부인병이나 피부미용, 주름 개선에 효과가 있다고 한다.

굳이 이런 약효를 떠올리지 않더라도 날로 입 안에 넣어 씨를 감싸고 있는 과육을 먹는 맛도 일품이다. 전통적으로 석류로 만든 음식 중에 최고로 칠 만한 것은 상상만 해도 눈과 목이 동시에 청량해지는 석류 화채일 것이다. 붉고 맑은 오미자 물에 잣과 꿀을 타고 투명한 석류알을 둥둥 띄운 석류화채는 여름 음료의 최고봉이었다.

석류는 야생에서는 따뜻한 기온을 필요로 한다. 하지만 요즘처럼 실내가 따뜻한 주거환경이라면 얼마든지 우리나라 전 지역에서 화분에 넣고 키울 수가 있다. 올해엔 약간의 수고를 들여 석류 화분을 하나씩 마련해보면 어떨까?

에덴동산도 상상해보고, 석류화채도 꿈꿔보시라. 그리고 가끔은 야생의 석류가 만발한 티그리스 강가의 전쟁터 걱정도 조금만 해보시라.

꽃잎

고려의 내원서, 조선의 장원서

꽃을 다루는 자격증의 하나로 '조경기능사'라는 것이 있다. 이 조경
기능사 시험문제 중에 이런 것이 있다.

문 : 고려시대에 궁궐 내의 정원을 담당하던 관청은?
가. 장원서   나. 내원서
다. 상림원   라. 화림원

궁금해하는 분들을 위해 정답을 먼저 이야기하자면 바로 내원서內園
署다. 궁예가 세운 나라 태봉에는 식화부植貨府가 있었고, 그 전통을 이
어 고려에는 내원서가 있었다. 조선시대로 넘어가면 내원서는 다시 장
원서掌苑署로 이름을 바꾼다.

드라마 '대장금'에서 보듯, 거대한 궁궐 안에는 임금과 그의 가족들
만 사는 것이 아니었다. 출퇴근하는 대신들 외에도 궁궐살림을 맡기 위
한 수많은 관청과 식솔들이 있었다.

예컨대 그 넓은 궁궐의 청소는 누가 맡았는가? 이것은 전연사典涓司

라는 관청에서 맡았다. 임금과 대신이 대낮 땡볕에 야외에서 행사를 치르자면 커다란 천막을 짓기 위해 전설사典設司라는 관청의 관리와 이속이 필요했다. 마찬가지로 궁궐의 정원조경과 꽃을 관리하는 관청이 있었으니 고려시대에는 내원서라 하였고, 조선시대에는 장원서라고 개칭한 것이다.

꽃잎무침, 꽃국

원래 꽃이란 먹기 위한 것은 아니었다. 눈과 코를 즐겁게 해주는 것이 꽃이다. 이것을 담당하던 궁궐 내 기관이 내원서, 장원서였던 것이다. 하지만 인간의 혀와 꽃이 친해지기 시작한 역사도 만만치 않은 장구한 세월이었다. 따라서 특권계급인 왕족들은 그 누구보다도 꽃과 친한 혀를 가지고 있었다. 이것을 담당하는 사람들은 궁녀였고, 조선시대의 관청으로는 생과방과 소주방이었으며, 궁녀들이 임금을 위한 식사를 준비하던 곳이 바로 수라간水剌間이다.

수라간에서 올리는 임금의 식사 중에 꽃잎과 가장 친한 것은 낮것이라고 불리는 점심식사일 수밖에 없다. 임금은 보통 새벽에 일어나는데 이 때 탕약을 먹거나 죽을 기본으로 하는 죽상을 차린다. 그리고 아침 수라는 요즘으로 치면 꽤 늦은 시간인 10시경, 그리고 저녁 수라는 오후 5~7시경에 받는다. 고려시대에는 두 끼 식사가 귀족에게도 기본이었다고 하는데, 조선시대에도 그 풍습은 이런 식으로 일부 이어졌다고 할 수 있다. 그래서 아침과 저녁식사는 거나하게 차려졌다.

그렇지만 왕이 낮을 그냥 보낸 것은 아니다. 다만 식사가 간소했다. 점심을 낮것이라고 했는데 누가 방문하지 않는 날의 낮것상은 과일이나 과자, 떡, 화채 등의 다과반 차림이 많았다. 요즘으로 치면 간식이라고 불릴 만한데, 이 때 많이 올라오는 것이 과자나 떡을 제외하면 제철 과일이나 제철 꽃을 식용으로 만들어낸 화채였던 것이다. 궁궐의 요리사들이 전문조리사였음을 감안하면 고급 꽃음식은 궁궐에서 시작되었을 가능성이 크다.

그런데 아이러니컬하게도 꽃잎 식용의 역사는 민간에서 더 많은 예를 찾아볼 수 있다. 이것은 아마도 궁궐에는 음식 재료가 풍부했던 반면 민간에서는 그렇지 못했기에, 일상적으로는 음식의 재료로 보지 않았던 것에 눈길을 돌렸기 때문일지도 모른다.

무궁화의 예를 한번 들어보자.

기원전에 만들어진 중국의 지리서인 ≪산해경山海經≫에 최초로 무궁화에 대한 기록이 나온다. '한국에는 많은 무궁화가 있는데 아침에 피었다가 저녁에 진다'는 기록이 그것이다. 물론 식용의 기록은 아니다. 하지만 한반도 건국 초기부터 전국을 수놓아 우리나라를 무궁화의 나라(槿花鄕. 무궁화의 나라. 신라를 뜻하는 것으로 최치원이 당에 보낸 국서에 나온다)라고 부르게 한 그 꽃이 오래전부터 민간에서 식용으로 사용되었음을 부정하기 어려운 근거들은 많이 있다.

예를 들어 산사에서 진리탐구에 맹진하던 스님들은 몸과 마음의 정화를 위해 무궁화 잎으로 된장국을 끓여 먹곤 한다. 민간에서는 잎으로 나물무침이나 국에 넣어 먹었다. 꽃잎으로 담근 술, 꽃잎으로 만든 차는 약용으로 쓰였다.

우리의 고정관념은 눈과 코의 꽃에 매달려 있지만 아주 오래전부터 꽃은 혓바닥과 몸을 위한 보양에도 널리 쓰였던 것이다.

입으로 즐기는 꽃잎들
꽃잎 식용의 이야기에서 빠질 수 없는 것은 바로 국화다.

> 구월 구일애
> 아으 약이라 먹는 황화
> 고지 안해 드너
> 새겨 가만하얘라
> 아으 동동다리

이 구절은 고려시대의 가요인 '동동動動'에 나오는 것이고, '9월이라 9일날에 국화주가 좋을시고'는 충남 청양지방의 각설이타령에 등장한다. 거지들도 중양절(음력 9월 9일)의 국화주 맛은 잊지 못한 것이다.

국화주를 담그는 방법은 여러 가지다. 대개는 국화꽃잎을 직접 술 담글 때 넣는 방법들이다. 그런데 1800년대 초엽에 쓰여진 ≪규곤요람≫이라는 조리서에는 국화향기를 술에 침투시키는 방법의 특이한 주조법이 나온다. 쌀 1말로 술을 빚어 항아리에 넣고, 말린 국화 2냥(약 30g)을 향기가 잘 드나드는 모시주머니에 넣어 항아리 속 약주 한 치쯤 위에 매단다. 그 다음 항아리를 잘 싸매서 약주와 국화 향낭을 이틀동안 강제로 동침시킨다. 이렇게 하면 국화의 향기가 술로 침투해 향기롭고 맛도 좋은 국화주가 되는 것이다. 원래 국화주는 불로장생을 기원하는 뜻으로 먹던 술이었고, 이 뜻은 국화차에도 이어진다. 맛 좋고 향기롭고 게다가 불로장생에도 뜻이 있으니 일석삼조가 아닐 수 없다.

기억을 되살리면 우리네 전통 속에서 꽃잎을 식용으로 하는 예가 참 많다.

아예 먹을 수 있는 꽃이라는 의미로 이름을 붙인 것은 '참꽃(진달래)'이다. 비슷하게 생긴 철쭉은 독이 있어 먹을 수 없는 꽃이라 개꽃이라 부른 반면, 먹을 수 있는 꽃이기에 참꽃이라고 불렀다. 꽃잎 색깔도 선명하게 남아있는 화전, 꽃잎을 녹말가루에 묻혀 살짝 튀긴 후 오미자 즙에 띄워먹는 멋진 음료 진달래화채는 봄 동산 꽃놀이에 빠질 수 없는 음식이었다.

선덕여왕의 전설이 살아있는 모란은 여성들의 건강과 미용에 특효가 있다 하여 모란술로 담가 먹었다. 봄부터 가을까지 잊을만 하면 줄기가 삐죽이 올라오며 노란 꽃을 피우는 민들레나 여름철 그늘로 내내 봉사하는 등나무의 꽃인 등꽃은 소화에 좋다 하여 역시 술로 담가 즐겼다.

백합과로 여름철에 갈래진 꽃잎이 벌러덩 자빠지는 원추리꽃은 일종의 꽃나물로 해먹었다. 꽃을 따 간장에 무친 다음 기름에 볶고 소금으로 간을 맞춰 먹었다. 국거리로 이용하는 경우도 있다. 남쪽 해안의 봄은 동백꽃이 처음 알려주는데, 그곳 사람들은 꽃구경에만 정신을 판 것이 아니라 그 꽃을 먹을 요량도 하였다. 그래서 초봄의 이 빠알간 꽃은 기름에 튀겨지거나 설탕에 절여져 식탁에 오르기도 했다.

꽃잎 식용의 이야기를 하려면 꽃지지미, 즉 화전 이야기를 빼놓을 수 없다. 봄에는 진달래꽃지지미와 배꽃지지미, 여름에는 장미꽃지지미, 가을에는 국화지지미로 계절마다 제철에 나는 꽃잎으로 꽃지지미를 즐겼다. 특히 이 음식은 들놀이 전용 음식으로, 심지어 구중궁궐의 중전마마도 음력 삼월삼진날이면 궁중 정원인 비원의 옥류천 가에서 들놀이를 즐길 때 진달래꽃지지미를 부쳐 먹었던 것이다.

먹는 방법은 사는 정도에 따라 조금 달랐던 것 같다. 대장금이 근무하던 궁중의 경우 꽃지지미를 할 기름을 아끼지 않았다. 그 방법을 보자면 고운 찹쌀가루를 되게 반죽해 5mm 두께로 민 다음, 꽃을 얹고 화전통으로 푹 찍어낸 것을 잠길 정도의 기름에서 지져낸다. 반면 민간에서는 찹쌀에다 소금을 섞어 빻은 것을 반죽하는데, 이것을 밤알만큼 떼서 둥글납작하게 손으로 빚은 다음 번철에 놓고 지진다. 이 때 꽃잎을 예쁘게 붙인다. 다 익힌 것은 꿀에 담그거나 설탕을 뿌려 먹는다. 먹는 방법이야 조금 다르지만 들놀이 꽃놀이를 가는데 어떻게 만들어 먹건 그 맛이 다를 것 같진 않다. 다름 아닌 계절의 참맛이었을 테니까……

식탁은 꽃밭?

꽃잎 식용의 역사는 그러나 현대에 와서 만개하기 시작했다. 꽃을 재배하는 농가 중에는 아예 식용 꽃만 키우는 곳도 있다. 하지만 이 식용 꽃의 대부분은 우리 전통보다는 일본이나 서양에서 유래한 것이 더 많다.

일본의 국화꽃 식용을 예로 들어보자. 일본인들은 국화를 먹기 위해 '아방궁', '명취천', '쓰마국菊' 등 다양한 품종을 가지고 초절임을 하거나 국화밥을 해서 먹는다고 한다. 영양소도 풍부하다. 생국화를 그대로 쓸 경우 꽃잎에 있는 비타민 B_1, 비타민 B_2를 기대할 수 있다. 건조시켜서 재료로 쓰는 경우엔 비타민이 생국화의 7~15배에 이르며 그 외에도 단백질, 칼슘, 인, 철이 많이 들어있다. 사실 꽃의 식용에는 꽃잎이 가지고 있는 영양소의 존재도 한몫했는데, 각 꽃잎이 가지고 있는 영양소들 외에도 꽃잎에 묻어있는 꽃가루에는 인체가 외부의 세균에 대해 내성을 키우는 데 필요한 인자(R인자라고 함)가 있다고 하며, 이외에도 단백질과 아미노산, 비타민, 미네랄 등이 들어있다고 한다.

식용 꽃의 종류를 간단하게 정리하면 다음과 같다.

①샐러드에 넣어 먹는 생식용 ②튀김 재료용 ③무침 재료용 ④꽃술, 꽃차 등의 재료용 ⑤꽃즙을 이용한 젤리, 아이스크림, 잼 등의 가공용 ⑥국거리, 스프용 ⑦고기 볶을 때 향료용 ⑧음식의 장식용

식용으로 쓰이는 식물의 종수는 외래종 3종을 포함해 약 525종에 달한다. 그중에서 꽃잎을 식용으로 쓴 종은 아직은 극히 일부라고 할 수 있다. 하지만 꽃의 아름다운 색, 향기까지 첨가되고 거기에 인체에 좋은 영양소까지 덧붙여진 꽃잎 음식의 장점을 생각하면 앞으로 무궁무진하게 새로운 종류가 개발될 것으로 보인다. 그러니 언젠가는 우리 식탁이 아예 꽃밭이 될지도 모른다.

당근

≪홍당무≫는 아동문학일까?

당근은 달리 홍당무라고 불린다. 붉기 때문이다. 그래서 동서양을 막론하고 홍당무는 붉어진 얼굴을 비유하는 데 쓰이곤 했다. 단, 요즘도 초등학교 필독서로 꼽히고 있는 프랑스 작가 쥘 르나르의 ≪홍당무≫(Poil de Carotte. 1892)는 예외다. 여기서 주인공은 붉은 머리카락과 주근깨투성이 외모 때문에, 그리고 그의 어머니 말에 의하면 속이 빨갛기 때문에 홍당무라고 불린다(그러나 엄격히 번역하면 '홍당무 털'이라고 해야 한다. poil은 털이라는 뜻이다).

가족들은 언제나 홍당무라고 부르고 있으므로, 이 아이의 본디 이름으로 부르려 해도 좀처럼 생각이 나지 않는다.

"왜 하필이면 홍당무라고 부르지요? 머리털이 불그스름하기 때문인가요?"

"성격은 훨씬 더 불그스름하다오."

(≪홍당무≫ 본문 중에서)

우리는 이 소설을 아동문학으로 알고 있지만 막상 작가는 어른을 위한 소설로 썼다고 한다. 어머니에게 뺨을 맞아도 눈물 한 방울 흘리지 않을 정도로 무시당하는 데 익숙해진 주인공 홍당무를 통해, 저자는 학대당해도 저항할 힘조차 없는 어린이들의 처지를 말하고 싶었다는 것이다. 사실 저자 자신의 어린 시절 경험이 가득 배어있는 자전적 작품이다. 그런데도 우리 아이들은 이 소설을 유머소설쯤으로 읽는 것 같다. 이쯤 되면 우리가 저자의 의도와는 달리 또 하나의 아동학대를 하는 건 아닌지…….

홍당무는 당근의 별명

홍당무의 홍은 쉽게 짐작하다시피 붉다는 뜻이다. 그런데 당은 '혹시 단맛 때문에……?' 라는 우리의 짐작과는 다르게 당나라 唐이라는 한자를 쓴다. 무는 우리 고유어다. 중국에서는 무를 나복蘿蔔이라고 한다. 그러니까 홍당무는 '붉은 당나라 무' 라는 뜻이 된다. 당근唐根이란 말은 한자의 음만 딴 것이지만 역시 당나라 당이고, 여기에 뿌리 근자를 붙였다. 어떤 이는 홍당무는 우리말이고 당근은 중국에서 쓰는 한자어라고 잘못 알고 있기도 한데, 중국에서는 당근을 호나복(胡蘿蔔. 즉 오랑캐 땅에서 들어온 무라는 뜻)이라고 부른다.

정작 당나라는 당근의 유래와는 그다지 관계가 없다. 유라시아 지역에 넓게 분포하는 야생당근을 재배한 원조 당근은 아프카니스탄 지역에서 시작되었고, 중국에 들어온 것은 13세기 원나라 시대였기 때문이다. 중국이 자기 나라의 5천 년 역사를 자랑하지만 당나라 이전은 중국의 일부분을 통일한 정도고, 한족이 제대로 지배한 것은 당과 명나라라고 할 수 있다. 송나라만 해도 이민족의 침입을 받아 반쪽짜리 역사이고 원(1271~1368. 몽고족)과 청(1636~1912. 만주족) 때는 아예 이민족의 지배를 받았다. 중국의 고구려사 왜곡 시도를 보고 있노라면 이민족의 지배, 분쟁에 골머리를 앓아온 중국 한족들의 고민이 21세기에도 계속되는 데서 오는 '과도한 몸조심'처럼도 보인다. 아무튼 그래서 중국의 정통 통일왕조 대표선수를 하나만 선발하라면 당연히 당나라가 된다. '당나라＝중국'의 등식이 성립할 수 있는 것이다. 홍당무에 당나라 당자를 쓰는 이유는 이것으로 설명할 수 있다. 한국인들에게도 중국은 당나라였던 셈이다. 그러니까 홍당무는 '중국에서 들여온 붉은 무'라는 뜻을 담고 있는 것이다. 확실한 물증은 없지만 대략 조선시대 초기에 중국으로부터 당근이 유래되었을 것으로 추측한다. 조선시대 농서로는 《임원경제지》(林園經濟志. 서유구. 19세기 초), 《재물보》(才物譜. 이만영. 1798년) 등에 처음 보인다.

다채로운 당근 색깔

재미있는 것은 야생종 당근을 보고는 누구도 '홍' 당무라고 부를 수 없었을 것이라는 점이다. 로마시대부터 당근을 먹었다고는 하지만 그때는 잎과 줄기를 주로 이용했던 것으로 보이고, 뿌리도 지금과 같이 크지 않고 붉은 빛을 띠지도 않았다. 황백색이라고 하는, 그러니까 감나무의 감꽃과 비슷한 색깔이다. 엷은 노랑색이다.

그런데 뿌리 식용을 위해 본격적인 재배를 하고 품종을 개량하면서 여러 가지 색깔의 당근이 나오게 되었다. 아프가니스탄에서 시작하여 동쪽으로(동양계 당근), 서쪽으로(서양계 당근) 당근재배가 널리 퍼지면서 중세에는 흰색, 빨강색, 노랑색, 녹색, 자주색, 그리고 심지어 검은색 당근까지 다채로운 색깔을 자랑했다. 그러다가 16세기경 네덜란드에서 주황색 당근을 만들어 당근의 대표색깔로 정착시켰다. 네덜란드 축구 대표팀의 오렌지색 유니폼을 보면 네덜란드인들이 원래 이 색을 가장 좋아했기 때문이 아닐까 싶기도 하다.

네덜란드에서는 당근을 또 다른 용도로도 사용하고 있다. 크리스마스 때다. 아이들은 크리스마스 이브에 잠들기 전, 창문 밖에 산타클로스 할아버지를 위한 선물을 준비해놓는다. 이곳 아이들은 산타클로스 할아버지가 흰말을 타고 온다고 믿고 있다. 그래서 선물이란 흰말의 먹이와 물인데, 아이들은 깨끗한 나막신 안에 마른 풀과 당근을 넣고 물도 한 그릇 옆에 놓는다. 16세기부터 시작된 이 풍습이 미국으로 건너가면서 흰말 대신 루돌프가 등장하고, 그래서 흰말의 먹이도 사라져버렸다. 다만 나막신은 양말로 바뀌었다.

많이 먹을수록 좋은 당근

'당근주스는 궤양과 암을 치료하는 세기의 기적이다'라고 미국의 한 자연요법학자는 말하고 있다. 요즘은 하도 많은 식품이 '기적'의 대열에 동참하고 있기 때문에 줄을 잘 서야 하지만, 학자들이 당근에 대해 설명하는 것을 읽어보면 수긍이 안 갈 수 없다.

채소의 색깔은 카로틴이라는 천연색소의 작용인데, 당근에는 붉은색과 노란색을 내는 베타카로틴이 풍부하다. 이 베타카로틴은 암 발병의 원인이 되는 활성산소를 제거하는 효과를 가지고 있다. 활성산소는 비유하자면 몸 안의 배기가스에 해당하므로, 당근을 먹으면 몸 안에 공기청정기를 달아놓는 셈이라고나 할까? 당근의 껍질을 까지 말고 먹으라는 이유도 베타카로틴이 껍질에 가장 많기 때문이다. 그리고 베타카로틴은 기름에 잘 녹아 몸에 흡수가 잘 되기 때문에 올리브유에 살짝 데치면 효능 최고다.

카로틴의 또 하나의 장점은 몸 안에 들어와 비타민 A로 바뀐다는 것이다. 그래서 당근을 채소 중에 비타민 A의 왕자라고 부르는 사람도 있다. 보통 비타민 A가 가장 많이 들어있는 식품은 동물의 간인데 당근을 먹는 편이 훨씬 맘 편하다. 물론 어떤 이는 속도 훨씬 편할 것이다. 병균에 대한 저항력, 야맹증 예방, 매끄러운 피부 등이 비타민 A의 작품이다. 피부 노화를 막아준다는 레티놀 화장품도 당근의 성분을 이용한 것이다.

당근은 칼슘이 많이 들어있는 알칼리성 식품이다. 미네랄 성분도 풍부해서 고기를 많이 먹어 산성체질로 변하기 쉬운 현대인들에게는 균형을 잡아주는 역할을 할 수 있다. 원래 한방에서는 당근을 폐결핵의 묘약으로 생각했다. 하루 2~3회, 1회에 25~30g을 밥 먹기 전에 한 달 정도 계속해서 먹으면 효과가 있다는 처방도 있다. 또 심장과 위장을 튼튼하게 해준다는 부연 설명도 달려있다. 보통 한방에서는 '독이 있다' 는 표현을 쓸 때 '많이 먹으면 안 좋을 수 있다' 는 뜻으로 쓰는 경우가 많은데 당근에 대해서만은 독이 없다고 표현한다. 즉 많이 먹을수록 좋다는 뜻이다.

한 가지 재미있는 사실은 당근의 생김새다.

물론 굳이 연상하지 않으면 그렇게 보이지 않겠지만, 어떤 이들에게는 당근의 생김새가 꼭 남자의 성기를 떠올리게 하나 보다. 생김새만 가지고 이러쿵저러쿵 하는 일이 식품의 세계에서도 많은데 당근도 그중의 하나였다. 그리스에서는 당근을 필트론이라고 하는데 그 어원을 찾아보면 필터Philtre, 즉 정신을 어지럽히는 사랑의 미약이란다. 생김새 때문일 것이 틀림없다. 전하는 바에 따르면 아랍의 공주들은 남자들을 유혹할 때면 당근으로 만든 음료를 먹었다고 하는데, 어째서 본인이 미약을 먹는데 상대를 유혹할 수 있는 건지는 모르겠다. 대부분은 그 반대일 텐데 말이다.

바야흐로 당근의 전성시대

네덜란드 어린이들처럼 한국인들도 당근을 말의 사료로나 적당하다고 생각한 사람이 많았다. 당근을 재료로 하는 색다른 요리가 많지 않은 것은 이 때문일 것이다. 하지만 편지나 일기를 쓸 때 심심풀이 먹을거리로 당근만한 것이 없다. 한 손만으로 충분한 데다 물기가 많지 않고 채소 중에는 가장 딱딱한 편이라 오랫동안 씹을 수 있기 때문이다. 그렇다고는 해도 조선시대 양반 어르신네가 한 손에 당근을 들고 붓글씨를 쓰는 풍경을 떠올리기는 어렵다. 해서 당근은 각종 요리의 부재료로, 장식으로 사용되었을 뿐이다. 재배면적도 그리 넓지 않았는데, 우리나라에서 본격적으로 재배면적이 넓어지기 시작한 것은 1969년경이다. 혹시 1960년대부터 야외음식으로 김밥이 각광받기 시작한 것과 관련이 있을지도 모르겠다.

요즘은 당근의 전성시대라고 할 만하다.

수프, 죽을 비롯한 당근 중심의 요리들이 속속 개발되고 있고, 당근 음료들은 몸에 좋은 음식이라면 꼭 찾아서 먹는 유행을 딛고 더욱 번성 중이며, 당근을 이용한 피부관리와 다이어트 요법도 인기가 높다. 쥘 르나르가 요즘 시대에 살았다면 자기 책의 주인공 별명을 절대로 홍당무라고 짓지는 않았을 것이다.

마지막으로 토끼 이야기를 하지 않을 수 없다. 미국 애니메이션 '곰돌이 푸'의 주인공 중 하나인 토끼는 넓은 당근밭의 주인이고, 우리나라의 엽기토끼도 당근 마니아다. 하지만 설사병의 위험 때문에 3개월이 안 된 아기 토끼에게는 당근이 금물이며, 다 큰 토끼라 하더라도 당근은 기호식품의 하나일 뿐이다. 당근을 싫어하는 토끼도 있다. 아무래도 당근은 토끼보다는 사람에게 훨씬 이로운 채소다. 토끼에게 절대로(?) 뺏기지 말자.

3장
옐로우 *yellow*

신사임당 〈초충도〉 — 가지와 벌

둥실둥실 모개야 아무락구 굶아다오
둥굴둥굴 모개야 개똥밭에 궁글어도
아무락구 굶아다고

콩

오곡의 정예멤버

꿩꿩 장서방 뭐 먹고 산가
아들 낳고 딸 낳고 뭐 먹고 산가
아들네 집서 콩 한 섬 딸네 집서 팥 한 섬
그작저작 사네

호남지방의 전래동요 한 자락이다. 장서방이라는 꿩이 아들딸의 도
움을 받아 이럭저럭 살고 있단다. 사람은 꿩을 잡아먹고 꿩은 사람이 키
운 콩을 즐겨 먹는데, 꿩의 노년이 사람에게 잡히지는 않고 콩만 공양받
아 살 수 있다면 그런대로 살 만한 생애다.

콩은 따로 원산지와 국내 수입경로를 추적하지 않아도 좋은 작물이
다. 콩의 원산지는 중국의 동북부라고들 하는데, 이곳은 다른 말로 만
주, 또 다른 말로 하면 고구려와 그 이전의 부여와 같은 나라가 터줏대
감이었던 한민족의 옛 땅이다. 실제로 함경북도 회령군 오동의 청동기
시대 유적에서 콩이 출토되기도 하였다. 따라서 고구려라는 나라가 만

주에서 한반도 중부지방까지 영토를 넓히는 과정에서 자연스럽게 콩을 한반도로 전파했을 것이다.

콩은 한자로 두豆라고 쓴다. 두豆라는 한자는 콩을 가리키기 전에는 원래 제사 지낼 때 쓰는 제기의 이름이었다. 두는 신위의 오른편에 고기나 젓, 국 따위를 담아놓는 나무그릇이다. 그런데 두의 모양새가 콩의 꼬투리 부분을 닮았다는 사실을 알게 된 중국인들이 점차 콩을 두라고 부르기 시작했고, 이것이 정착되었다. 두라고 부르기 전의 콩은 ≪시경≫에 나오는 바, 숙菽이라는 한자 이름을 가지고 있었다.

한국에서 콩은 예부터 5곡의 하나로 존중되었다. 쌀, 보리, 조, 기장에다 콩을 더하여 한국인의 주식으로 삼았던 것이다. 중국의 경우엔 5곡에 여러 묶음이 있다. 참깨, 보리, 피, 수수, 콩의 5종이거나 참깨, 피, 보리, 쌀, 콩을 5곡이라 하였고 또 수수, 피, 콩, 보리, 쌀을 5곡이라고 하는 경우도 있었다. 어느 경우에나 콩은 빠지지 않는다.

재미있는 것은 저 멀리 남아시아의 대국인 인도에도 5곡이 있는데 여기에도 어김없이 콩이 포함되어 있다는 것이다. 인도에서는 보리, 밀, 쌀, 콩, 깨를 5곡으로 삼았다. 그러니까 남아시아의 인도에서 동북아시아에 걸친 방대한 지역까지 콩은 가장 주요한 작물의 하나로 대접받았다고 할 수 있다.

하필이면 왜 이름이 콩쥐와 팥쥐일까

≪한국구비문학대계≫에는 콩쥐 팥쥐와 유사한 모습을 보이는 다양

한 이야기가 수록되어 있는데 콩쥐 팥쥐라는 이름 대신 콩조시, 팥조시라는 이름을 쓰기도 하지만 거의 한결같이 '콩' 쪽이 좋은 아이로 되어 있다. 신데렐라는 '팥'이 아니라 '콩'이었던 것이다.

생각해보면 팥은 소두小豆라는 이름에서부터 콩과 비교가 되고 있는데, 팥죽을 먹어보면 알듯이 단맛이 콩보다는 낫다. 하지만 그뿐, 콩이 메주의 재료로 된장, 간장, 고추장의 장류와 이제는 세계적인 식품이 된 두부의 모태임을 비교해보면 그 쓰임새는 상대가 안 된다. 당장 쓰다고 뱉고 달다고 삼키면 안 된다는 교훈이 콩과 팥으로 대비되어 콩쥐팥쥐 전에 나타난 것이 아닐까?

다행히 우리 선조들은 콩의 진정한 맛을 진즉부터 잘 알았던 모양이다. ≪해동역사海東歷史≫라는 책을 보면 콩으로 쑨 메주가 발해의 명산품이라는 이야기가 나온다. 발해는 고구려 유민이 세운 나라이니 고구려 때 이미 콩으로 메주를 쑤었다는 걸 알 수 있다(물론 이 시대의 메주는 콩만으로 쑨 요즘 메주가 아니라 콩과 밀을 섞었던 것으로 보인다). 또 ≪삼국사기≫에는 통일신라시대에 간장과 된장이 있었다는 기록이 있다. 메주 없는 간장, 된장이 있을 리 없으니 신라에서도 일찍부터 메주를 만들었을 것이다.

간장용과 된장용을 따로 만드는 개량식 메주 만드는 방법이 도입된 것은 1960년대다. 그렇다고 하면 고구려 때부터 근 2천여 년간 한국인은 거의 똑같이 콩을 재료로 해서 만든 메주와 간장, 된장을 먹었던 것이다. 수천 년 동안 수많은 문물의 변화가 얼마나 부침을 거듭했는지를 생각해보면 한국인의 혀를 장악했던 그 맛의 불변이 놀랍지 않을 수 없다.

잘 알다시피 간장이나 된장의 맛은 양념이 되는 기본적인 짠맛 외에도 단맛, 감칠맛, 구수한 맛 등 여러 종류의 맛이 혼합되어 있다. 비빔밥에서 잘 나타나듯 간장과 된장으로 입맛을 맞춘 한국인들은 여러 가지 맛의 조화에서 진정한 맛의 궁극을 찾는 독특한 미각적 취미를 갖고 있다. 오곡이 있듯 오미(五味.달고 짜고 맵고 시고 쓴)가 있다면 한국인은 다섯 가지 맛 각각이 아니라 그것들의 조화에서 맛을 찾는 것이다. 이런 점에서 옛 한국인들과 현대인이 만나면 외양은 물론이고 말도 제대로 통하지 않을 것임에 틀림없지만 최소한 음식에 대한 기본적인 입맛만은 유사할 것이다. 혹여 그 입맛이 한국인이 오천 년 동질성을 유지해온 바탕이 아니냐고 추측한다면 너무 지나친 것일까?

재래식 메주는 콩을 삶아 으깬 후에 덩어리로 만든다. 그 덩어리를 볏짚 위에 얹는다. 2~3일 말린 후 볏집으로 묶어서 방 안 선반에 매달거나 커다란 항아리 같은 곳에 짚을 깔고 2주일 정도 숙성시킨다. 숙성된 메주는 햇볕에 말린 후 다시 용기에 넣어 발효시킨다. 시골집 처마에, 혹은 방 안에 퀴퀴한 냄새를 풍기며 매달려 있던 메주를 기억하시는 분도 많을 것이다. 한국인들은 대개 어릴 적에 지겹게 그 냄새를 맡고 컸다. 그렇게 보면 간장, 된장의 미각뿐만 아니라 한국인의 후각도 수천 년 동안 콩으로 쑨 메주의 그것이 장악하고 있었다고 볼 수 있다.

상고시대부터 요지부동이었던 간장, 된장의 시대가 한풀 꺾인 것은 고추의 등장 때문이었다. 메줏가루에 질게 지은 밥이나 떡가루, 또는 되게 쑨 죽을 버무리고 고춧가루와 소금을 섞어서 만든 장, 바로 고추장이 한국인의 식탁을 점령했다. 들일 나갔다가 점심 참에 싱싱한 고추를 따서 고추장에 푹 찍어 서걱서걱 씹어먹는 그 맛, 보리밥에 김치 넣고 고추장을 척 비벼서 커다란 숟가락으로 입이 찢어져라 쓰윽 집어넣을 때의 그 통쾌함. 고추장의 등장은 한국인의 식단에 일대 혁명이었다. 유행상품 하나를 추가 개발한 탓에 콩도 더욱 귀하신 몸이 되었다. 도대체콩이 없었다면 한국인은 뭔 맛으로 세상을 살았을까?

맛의 전설

맛 이야기가 나온 김에 장맛 이야기 하나 하고 넘어가자.

정유재란 때 일이다. 대비가 없었던 탓에 파죽지세로 왜군에게 국토를 넘겨주게 되었던 임진왜란의 경험이 있었기에 피난을 가면서도 한결 느긋한 조선 조정. 그 다급한 와중에도 왕의 입맛을 챙겨야 했기에 남보다 먼저 음식을 맡을 사람들을 피난 보내기로 했다. 그런데 문제가 생겼다. 장을 준비하기 위해 보내는 합장사合醬使의 성이 '신' 씨라는 것이다.

申씨든 辛씨든 한자가 문제가 아니라 한글 발음 '신'이 문제였다. 장맛이 시면 그게 장맛이냐라는 의식이 뿌리 깊이 배어있던 양반님네는 결국 다른 사람으로 바꿔 보냈다. 신씨가 장을 담그면 장이 시어진다나 어쨌다나.

성이 무슨 잘못이 있겠는가?

하지만 조선시대 내내 신씨는 장 담그는 일에 차별을 받았는데, 이웃에 신씨가 살면 그 집에서 가장 먼 곳에 장독대를 설치했고 신씨네 가족 스스로도 장을 사돈집에서 담가 이튿날 가져오는 풍속이 있었다. 장맛이 맛의 거의 모든 것이었던 시대의 전설 같은 일이다.

두부야말로 완전한 콩의 환생

장맛은 콩의 맛을 십분 살린 것이라고 보기는 어렵다. 콩의 맛이 제대로 밴 것은 역시 두부다.

살이 찌지 않는 치즈. 미국인들의 두부에 대한 평가다. 건강식으로 알려져 미국 내에만 수백 개가 넘는 두부공장이 가동되고 있다. 표고 1000m가 넘는 중국 구이저우貴州성의 구이양 지역은 세계적인 장수 지역으로 유명한데, 콩을 생식하고 아침마다 토스트처럼 두부를 먹는다. 세계보건기구가 주도한 국제공동연구 결과를 보면 심장병 등 성인병으로 인해 평균수명이 낮은 지역과 그렇지 않은 지역의 차이는 콩을 많이 먹느냐, 적게 먹느냐의 차이였다. 한국 사람들이 짠 음식을 많이 먹으면서도 그런대로 살아지는 건 아마 장의 재료가 콩이고 두부를 많이 먹기 때문일 것이다.

한국인의 삶 속으로 두부가 들어온 것은 콩보다는 오래되지 않은 것으로 보인다. 고려 말의 학자 목은 이색 선생(1328~1396년)의 문집에 처음 두부라는 말이 등장하는 것으로 보아 고려 말의 원나라가 통로였던 것 같다. 중국에서는 기원전 2세기에 전한의 회남왕이 발명했다는 기록이 있지만 중국에서도 기록에 두부가 나타나는 것은 당나라 말기다. 연대기적으로 보면 두부는 발명하는 데 꽤 시간이 걸린, 콩 가공 발명품이라고 할 수 있다.

비록 중국에서 전래되었지만 두부가 한국인의 입맛에 맞았는지 수많은 요리법이 개발되었다. 세종 14년의 기록을 보면 중국 명나라의 황제가 조선 두부 맛에 반해서 두부 잘 만드는 궁녀를 좀 보내달라고 요청하고 있다. 요즘 들어 두부만으로 요리를 하는 음식점들이 방방곡곡에 들어서고 있는 것도 이런 오래된 두부 맛의 전통이 우러나온 결과일 것이다.

그런데 여기서 한 가지 짚고 넘어가야 할 문제가 있다. 된장은 미소, 두부는 도후, 간장은 쇼유. 한국이 원산지거나 한국에서 일본으로 전파된 이들 콩류 음식이 세계에는 하나같이 일본식 이름으로 더 널리 알려져 있다는 것이다. 국수주의적 시각으로 우리식 이름이니 무조건 좋다거나 하는 얘기가 아니다.

추사 김정희 선생 말년에 생애 최고의 음식이라고 찬미한 것이 바로 두부찌개였다. 콩과 더불어 맛을 만들고 지키고 발전시켜온 우리 조상의 수천 년 세월이 아까워서 하는 얘기다.

메밀

흉년에 찾아오는 구원투수

야구 경기에서 팀이 어려울 때 급한 불을 끄기 위해 나오는 투수를 소방수, 혹은 구원투수라고 부른다. 그런데 한국인의 주식主食 역사에도 구원투수와 같은 존재가 있으니 바로 메밀이다. 비록 오곡(五穀. 우리나라에선 쌀, 보리, 조, 콩, 기장을 말함)에는 속하지 않지만 흉년이 들 때마다 그 중요성이 새삼스럽게 강조되었다.

백성들의 곤궁을 몹시 걱정하던 정조 임금은 가뭄이나 홍수로 제때 파종하지 못한 밭이나 논에 메밀을 심으라며 적극 권장하곤 했다. ≪조선왕조실록≫을 찾아보면 그런 기록이 여러 차례 나온다. 그가 메밀을 권장하는 이유는 '맨 나중에 심고, 맨 먼저 익기 때문' 이었다. 실제로 여름 메밀은 5월 중순에서 하순에 파종하여 7월 하순에서 8월 상순에 수확하고, 가을 메밀은 7월에 파종하여 10월에 수확한다. 자라는 기간이 60일에서 100일 정도로 짧은 데다가 건조한 땅에서도 잘 자라 가뭄에 강하다.

메밀에 관심을 가졌던 왕은 비단 정조만이 아니다. 태종도 3살 난 왕녀를 장사지내고 오는 길에 신하를 불러 '메밀이 아직 익지 않았는데 서리가 내릴 것 같다고 걱정한 기록이 남아있고(태종 2년 8월 8일자), 숙종 역시 벼를 파종하지 못해 대신 메밀을 심은 논에 대해서는 세금을 면제하는 정책을 실시하기도 한다(숙종 3년 9월 27일자).

메밀과 도깨비

메밀은 우리 민족에게 무척이나 친근한 먹을거리다. 그래서 그 못지 않게 친근한 도깨비하고 아주 사이가 좋다. 정확한 이유는 잘 모르겠지만 우리 조상들은 도깨비가 메밀묵, 수수팥떡, 호박범벅, 그리고 막걸리를 굉장히 좋아한다고 믿었다. 전라남도의 해안지방에서는 도깨비가 사실은 내장이 없기 때문에 음식을 줘도 소화시킬 수는 없고, 다만 냄새를 잘 맡아서 이런 음식을 좋아한다는 설이 전해지고 있다.

어느 과부가 부자가 되고 싶었는데 도무지 방법이 없었다. 그러다가 도깨비하고 친하면 부자가 될 수 있다는 말을 들었다. 도깨비가 뭘 좋아하나? 아하, 메밀묵이지. 그래서 메밀묵을 쒀놓고 기다렸다. 과연 밤이 깊어지자 도깨비가 와서 메밀묵을 먹는다. 과부는 도깨비를 방으로 불러들여 친(?)해졌다. 과부가 조르니 도깨비는 금은보화를 매일 가져다 준다. 하지만 도깨비 덕분에 부자가 된 과부는 생각이 달라졌다. 도깨비하고 사귀는 것이 귀찮기만 하다. 그래서 도깨비가 말의 피를 싫어한다는 것을 알아내고는 대문 삽짝에 말대가리를 걸어놓는다. 그 후부터 도깨비가 집 근처에 얼씬도 안했다는 '도깨비와 과부'라는 옛날이야기다.

또 바다도깨비는 메밀범벅을 좋아한다고 전해진다. 이 음식은 메밀을 갈아서 체에 쳐서 끓인 것으로 걸쭉하게 만든 것이다 그래서 뱃사람들이 배를 띄우기 전에 하는 제사 때 메밀범벅을 바다에 던져주면서 '도깨비 먹어라' 라고 소리친다. 전라남도 신안군 압해면에 전해지는 이야기를 보면 도깨비하고 잘 사귀면 어장 안으로 물고기를 잔뜩 몰아준다는 것이다. 그래서 도깨비가 즐겨 먹는 메밀범벅을 만들어서 뱃고사를 지낼 때 제일 먼저 바다에 던져, 부디 도깨비가 잘 먹고 고기를 잔뜩 몰아오기를 기원한다는 것이다.

이렇게 설화와 민간 풍습 속에도 널리 남아있는 메밀은 언제 한반도에 전래되었을까?

메밀의 원산지는 동아시아 온대 북부의 바이칼호, 만주, 아무르 강변이라고 한다. 일부는 옛 고구려 지역이다. 따라서 고구려 사람들은 예전부터 메밀을 알고 있었을지도 모른다. 중국에서는 일찍이 한나라 시대 (B.C 202~A.D 220)의 분묘에 메밀의 흔적이 발견되었다. 하지만 역사가들의 추정에 따르면 중국에서 북쪽지역으로부터 받아들인 메밀을 본격적으로 재배하기 시작한 것이 당나라 시대, 즉 7세기 무렵이었다고 한다. 그 후 인도에는 8세기, 유럽에는 13세기 이후에 전파되었다. 일본은 한반도를 통해 전래되어 8세기 무렵에 메밀 재배를 권장하기도 했다. 이렇게 볼 때 한반도에서도 대략 8세기 무렵에는 제법 널리 재배했을 가능성이 높다. 현재는 러시아가 전 세계 메밀 생산량의 대부분을 차지하고 있다.

재미있는 것은 이러한 전파 경로와 달리 민간에는 다양한 속설들이 등장한다는 것이다.

그중 하나는 중국을 최초로 통일한 진나라의 시황제(B.C 259~210)와 관련된 것이다. 이 이야기에 따르면 진시황제는 만리장성을 쌓을 때 한반도인들을 많이 데려다 썼는데, 노임을 주기 아까워 메밀을 줬다는 것이다. 중국 사람들이 메밀을 먹으면 얼굴이 붓고 힘이 빠지는데, 한반도인들이 이것을 먹으면 감히 중국을 넘볼 힘이 없을 것이라는 판단에서였다. 하지만 막상 한반도인들은 살만 잘찌고 혈색도 좋아져서 이유를 알아봤더니 메밀을 소화효소가 많은 무와 함께 섭취하고 있었기 때문이라는 것이다. 이것이 일본에 전파되었다고 하는데, 요즘 우리가 일식집에서 먹는 모리소바(대나무 체에 받쳐서 간장국물에 찍어먹는 메밀국수)에도 무를 갈아서 넣는 것을 볼 수 있다.

또 고려시대 몽고인들이 메밀을 전했다는 이야기도 남아있다. 삼별초의 마지막 항전지인 제주도에 메밀 씨앗을 전해준 몽고인들은 내심 소화가 잘 안 되는 메밀로 골탕을 먹일 작정이었단다. 하지만 제주 사람들은 현명하게도 메밀과 무를 짝짜꿍시켜서 빙떡이란 특별음식을 만들었다. 이것이 나중에 강원도에 전해지면서 총처럼 생겼다고 하여 메밀총떡이라 불리기도 하고, 우리가 흔히 알고 있는 메밀전병이 되었다는 이야기다.

메밀 전래에 대한 이야기는 훨씬 후대인 조선시대 병자호란 때도 등장한다. 청나라의 침탈로 나라가 황폐해져 있을 때 인조 임금이 백성들을 염려해 메밀 재배를 권장했다는 이야기다. 그런데 이미 언급했다시피 메밀은 조선시대만 해도 일찍부터 권장해온 구황작물이었으니, 후대에 잘못 알려진 이야기인 셈이다. 오히려 1627년의 정묘호란(인조 2년. 국호가 후금이었던 시절 청나라의 1차 침입으로 이 때 조선은 후금과 형제나라의 맹약을 맺었다) 이후 평안북도 철산군 해안의 가도에 머물던 후금 군사들의 요청에 의해 조선 조정이 메밀 3백 석을 보낸 일이 실록에 기록되어 있다.

모밀꽃 필 무렵

메밀이 표준어이긴 하지만 작가의 작품 제목을 굳이 표준어로 고쳐야 하는지는 의문이다(황교익. ≪맛따라 갈까보다≫ 참조). 1936년에 소설가 이효석이 작품을 발표할 때는 분명히 '모밀꽃 필 무렵'이었고, 한동안 교과서에도 그대로 나왔다. 이효석은 모밀꽃이라고 알고 있었고 그 단어가 주는 어감을 느끼면서 소설을 썼을 터인데, 굳이 이걸 맞춤법에 맞춰 써야 할 이유가 어디 있을까?

이지러는 졌으나 보름을 가제 지난달은 부드러운 빛을 흐뭇이 흘리고 있다. 대화까지는 칠십 리의 밤길. 고개를 둘이나 넘고 개울을 하나 건너고 벌판과 산길을 걸어야 된다. 길은 지금 긴 산허리에 걸려 있다. 밤중을 지난 무렵인지 죽은 듯이 고요한 속에서 짐승 같은 달의 숨소리가 손에 잡힐 듯이 들리며, 콩포기와 옥수수 잎새가 한층 달에 푸르게 젖었다. 산허리는 온통 모밀밭이어서 피기 시작한 꽃이 소금을 뿌린 듯이 흐뭇한 달빛에 숨이 막힐 지경이다.

　보름 달밤에 작고 앙증맞은 하얀 꽃이 벌판에 점점이 뿌려져 있으니 마치 '소금을 뿌린 듯' 하고 그 광경에 '숨이 막힐 지경' 이라는 표현은 그야말로 문학의 진수를 보여주는 듯하다.

　경상북도 의성 지방에는 이와 다른 메밀 노래가 있다. 메밀 농사를 지으면서 불렀던 노동요의 하나다.

비탈밭에 메밀 갈아
메밀 간 지 열흘 만에
앞집 뒷집 동무들아
메밀구경 하러 가세
잎은 동동 떡잎이요
열매 동동 까만 열매
꽃은 동동 배꽃이요
대는 동동 붉은대요
젊머슴아 낫 갈아라
큰머슴아 지게 져라

　열흘 만에 구경간다니 급하기도 하다. 아무튼 여기서 보듯 메밀은 붉은 줄기, 푸른 잎, 하얀 꽃, 검은 열매의 다양한 색상을 갖추고 있다. 총

천연색이다. 구경할 만하지 않은가?

오랜 세월을 함께해오면서 메밀은 우리 음식문화의 다양성에 일조하였다. 도깨비도 함께 먹은 메밀묵 외에도 전통적으로는 메밀국수가 지역별로 고유한 특징을 가지고 발달하였는데, 메밀국수는 조선시대 사례四禮, 즉 관혼상제冠婚喪祭의 하나인 관례(일종의 성년식이다)가 끝난 뒤 주인과 손님이 함께 먹던 별식이기도 했고, 궁궐에서는 점심 메뉴로 자주 등장하곤 했다. 보신용 음식으로는 유탕이라는 요리가 있었다고 한다. 맑은 장국에 메밀묵, 닭고기를 함께 넣어 끓인 다음 계란을 풀고 고명을 얹어서 먹는 음식이다.

그런데 오늘날의 메밀은 기능성 곡물로 더 인기가 있다.

가장 잘 알려진 것은 고혈압이나 변비에 좋다는 것인데, 이는 메밀이 변을 잘 보게 하는 성질이 있기 때문이다. 특히 메밀의 검은 겉껍질에 그 성분이 많다. 기본적으로 메밀은 장과 위에 음식이 남아있는 것을 참지 못하는 성질을 갖고 있고 만성설사에도 좋다. 피를 맑게 해주어 혈압도 안정시켜주며 비타민 B_2도 많은 편이다. 이런 특징 때문에 메밀은 곡류중에 드물게 기능성 식품으로 각광을 받고 있다. 메밀과자, 메밀음료, 메밀술, 다이어트 식품으로 널리 쓰인다.

메밀의 효능 중 하나로 한의학에서 이야기하는 것이 독기를 해소한다는 것이다. 메밀 농사를 장려했던 정조도 말년에 이 메밀의 효능에 기대고 있다. 독살설 등 여러 가지 이설이 있지만 실록에 나타난 정조의 사인死因은 등에 난 종기, 즉 등창인데 이를 치료하기 위해 독소를 몰아

낸다는 메밀밥을 죽기 직전까지 먹었다.

　모밀꽃 필 무렵, 아니 '메밀꽃 필 무렵'은 8월 말에서 9월 초까지 약 3주간이 절정기이다. '메밀꽃이 많이 피면 큰눈이 온다'는 속담도 있거니와, 소담하게 피어난 메밀꽃은 한겨울 눈꽃만큼이나 눈부시게 찬란하다. 봉평의 메밀꽃 축제가 열리는 때도 그 즈음인데, 마침 보름달이라도 뜬 어느 날 한밤중에 들르면 휘영청 밝은 달빛 아래 소금을 뿌린 듯한 메밀꽃 때문에 숨이 막히는지도 모른다.

감귤

감귤을 둘러싼 먹이사슬

우리는 너무 쉽게 '먹이사슬'을 말한다. '연못의 생태계에서 파리는 개구리에게 먹히고, 개구리는 뱀에게 먹히고, 뱀은 하늘을 나는 매에게 먹힌다. 이것은 자연의 법칙이다……' 라고.

하지만 먹이사슬의 정점에 서 있는 매가 아니고 개구리라면, 먹이사슬의 존재는 악몽일 것이다. 그래서 개구리는 풀 사이에서 초록색이 된다.

그럼, 인간들끼리는 먹이사슬이 없다고 할 것인가?

조선시대 감귤은 이 인간들의 먹이사슬을 아주 잘 보여주는 소재가 된다.

한밤중에 몰래 나무를 뿌리째 캐내는 농부가 있었다. 그 나무는 탐스런 감귤을 주렁주렁 매달 줄 알았다. 농부의 땀을 먹고 자라 푸른 잎사귀를 빛낼 줄 알았다. 하지만 농부의 손으로 지금 나무는 뿌리째 뽑히고 있다.

농부가 이 감귤나무를 뿌리째 뽑아치우는 것은 아전(조선시대 관아의 하급관리)의 등쌀에 못 견뎌서다. 그들은 7, 8월이면 나무에 자디잔 열매가 맺기가 무섭게 쳐들어와서 새끼 감귤 하나하나마다 꼬리표를 붙였다. 그리고 맺힌 열매의 숫자를 세어 갔다. 비바람에 상할 수도 있고 벌레에 먹힐 수도, 병에 시들어버릴 수도 있는데, 수확철이 되면 어김없이 또 쳐들어와서는 숫자대로 내놓으라고 호통을 친다. 좀 봐달라고 애걸하려면 바칠 뇌물이라도 있어야 한다. 그러니 아예 이 애물덩어리를 뽑아버리는 것이 나을 밖에……

아전도 쉽지만은 않다. 한양서 이곳 탐라에 내려오는 관리들은 무슨 귀양 오듯 유람 오듯 한다. 그들은 오직 한 가지만을 중하게 여긴다. 워낙 먼 곳이라 이곳의 행정이 어떻고 정치가 어떻고는 나랏님의 귀에 잘 들어가지도 않는다. 암행어사도 거의 오는 적이 없다. 그러니 오직 해마다 겨울에 진상하는 감귤만이 중요할 뿐이다. 그들의 독촉에 아전도 달리 방도가 없다. 물론 그 와중에 아전들은 자기 이익도 챙긴다.

수령은 억울하다. 왜 내가 이 외진 제주도까지 내려와야 했던가? 뭘 잘못했던가?

이왕 내려온 건 할 수 없고 빨리 돌아갈 궁리나 해야지. 나라에 올릴 감귤이야 두말할 것도 없지만 여기저기에도 좀 보내야겠다. 이 귀한 감귤을 받고서야 내게 좀 미안한 마음이 생길지도 모르지.

왕은 나눠줄 데도 많고 먹을 날도 많다. 따뜻한 탐라에서나 나는 달콤하고 상큼한 이 과일을 남해안에서도 좀 키워보면 어떨까 싶다. 그래서 육지로 옮겨 심어보라고 명령도 내렸다. 맛 좋은 감귤이 올라오면 나이든 관료들에게도 좀 나눠주고, 기념으로 과거시험이라는 이벤트도

연다.

감귤을 둘러싼 이 먹이사슬의 정점에는 왕이 있었다. 그 반대편에는 제주도의 농부가 있다. 농부는 감귤을 뽑아서 스스로를 보호하려 한다. 이 시도는 성공할까? 개구리와 마찬가지로 약간의 보호색 효과는 있을 것이지만 언제까지 뱀을 피할 수 있겠는가.

삼국시대부터 재배한 이국적 과일

육지 사람에게 감귤은 언제나 새롭고 이국적인 과일이었다. 하지만 제주도 농부들에게 감귤은 고통의 근원이었다. 청나라와의 주전론으로 유명한 김상헌(1570~1652)의 문집 ≪남사록南槎錄≫에는 이런 언급이 있다.

> 해마다 7, 8월이면 목사는 촌가의 귤나무를 순시하며 낱낱이 장부에 적어두 었다가, 감귤이 익을 때면 장부에 따라 납품할 양을 조사하고, 납품하지 못할 때는 벌을 주기 마련이었다. 이 때문에 민가에서는 재배를 하지 않으려고 나 무를 잘라버렸다.

유교의 핵심이념 중 하나가 '군자는 옳고 그름을 중히 여기며 소인은 이해득실만을 따진다'는 것인데, 이 감귤을 둘러싼 먹이사슬 어디에 '군자의 도'가 있는가.

그런데 이 감귤을 우리나라에서 재배하기 시작한 것은 언제부터일까?

학자들에 따르면 감귤은 아시아의 열대, 아열대 지방이 원산지라고 하며, 발생의 중심지는 인도와 중국의 접경지인 히말라야산맥일 가능성이 높다고 한다. 우리나라의 경우 옛 기록에 따르면 제주도, 혹은 남해안 일부 지역에서는 삼국시대 초기부터 감귤을 재배했다는 것을 알 수 있다. 김상헌의 시대로만 따져도 이미 일천여 년 이상 전부터 감귤이 재배되었던 것이다.

그중 일본 측의 기록은 재미있다.

《고사기古事記》와 《일본서기》에 의하면 일본에서 과일을 관장하는 신으로 '다지마모리(田道間守)'라는 신라인의 후예 이야기가 나온다. 그가 바로 감귤을 일본에 전한 인물이다.

다지마모리는 신라의 왕자였다는 아메노히보코(天日矛)가 도망간 아내를 따라 일본으로 건너가 정착한 후 대대로 일본에 살게 된 신라인의 후예였다. 그는 일본에서 스이닌왕(垂仁王)으로부터 총애를 받았다. 그는 왕의 명을 받고 바다 저편의 이상향이라는 '도코요노쿠니(常世國)'에 가서 줄기와 가지가 달려 있는 감귤을 가지고 왔다. 여기서 도코요노쿠니는 바로 지금의 제주도다. 다지마모리가 돌아온 것은 떠난 지 10년 만이어서 왕은 이미 죽고 없었다. 그래서 그는 감귤의 반을 왕후에게 바치고 나머지는 왕의 무덤에 바친 후 통곡하다가 왕을 따라 죽었다고 한다. 이로부터 다지마모리는 과일의 신으로 추앙받았는데 현재는 일본 나라(奈良)시에 있는 '한국신사韓國神社'라는 사당에 모셔져 젯밥을 먹고 있다.

이 기록들은 물론 전설의 일부이기 때문에 모든 것을 정확하게 믿을 수는 없지만 이미 신라시대에 제주도에서 감귤을 재배했고, 이것이 일본으로 건너갔음을 확인할 수 있는 기록이라고 할 수 있다.

그 희귀성과 맛 때문에 감귤은 대대로 왕실에 바쳐지는 품목이 되었다.

≪고려사≫에는 백제 문주왕 2년(서기 476년)에 감귤을 제주도에서 보내왔다는 기록이 있고, 고려 문종 6년(1052년)에 탐라에서 세공으로 바쳐오던 감귤의 양을 1백 포로 늘린다는 기록이 있으며, 선종 2년(1085년) 2월에 '대마도對馬島 구당관勾當官'이 사자를 보내어 감귤을 바쳤다'는 기록도 보인다. 세공뿐만 아니라 외교적 사례물로도 이용되었던 것이다.

조선시대에 들어와서는 태종 12년 11월 21일의 기록에 상림원 별감 김용을 제주로 보내 감귤 수백 주를 순천 등 바닷가 고을에 옮겨 심게 하였다는 기록이 보인다. 제주에서 바치는 세공만으로는 왕실의 쓸모를 충족시키지 못했기에 남해안 지방에 널리 심어보려고 했던 것이다. 하지만 감귤은 워낙 날씨를 많이 가려 이런 시도는 그다지 성공하지 못했던 것으로 보인다.

멀미약으로도 좋은 감귤

맛과 씹을 때의 그 상큼한 쾌감도 일품이지만 감귤은 여러 가지 효능으로도 인정받았다(원래 유자도 감귤류이지만 여기서는 유자를 제외하고 말한다). 워낙 생산량이 많지 않았기 때문에 감귤을 이용한 다양한 먹을거리가 개발되지는 못했지만, 한방에서는 감귤이 감기에 특히 효험이 있다고 보아 약재로도 사용되었다.

강귤차라는 것은 감귤과 생강을 섞어서 끓인 것이다. 귤껍질에는 비타민 C가 들어있고 또 독특한 향과 맛이 난다. 또 페스페리딘이라는 성분은 모세혈관을 보호한다고 한다. 그래서 그냥 귤껍질로도 위를 튼튼하게 하고 땀을 내는 약으로 쓰는데, 생강과 섞어 끓인 강귤차는 감기와 발한에 좋다고 한다.

독특한 음식으로는 감귤전이 있다. 이것은 주로 소음인 산모가 먹는 음식인데, 잘 익은 귤 30개에다 찐 굵은 대추, 쌀, 당귀, 감초를 함께 넣고 달여서 찌꺼기는 버리고 그 물에다 꿀을 타서 먹는다. 이것은 젖이 잘 나오지 않는 산모를 위한 것으로 소음인 산모가 먹으면 젖이 다시 나온다고 한다.

오늘날 감귤은 과거에 비하면 대량생산이 가능하고, 나무를 뿌리째 뽑아버려야 할 일 같은 것은 없기 때문에 건강을 위한 좋은 과일로 다양한 음식이 만들어지고 있다. 감귤의 효능을 몇 가지로 정리하면 다음과 같다.

먼저 다들 인정하다시피 감귤은 감기에 좋다. 비타민 C가 다량 함유되어 있기 때문이다. 또 감귤의 비타민에는 다른 과일에는 없는 비타민 P가 있는데, 이것은 모세혈관을 보호하는 기능이 있어 고혈압에 좋은 효과를 본다고 알려져 있다.

감귤에는 또 칼슘이 많다. 따라서 임산부의 건강을 지켜주는 역할을 할 수 있고, 성장기에 있는 어린이에게 절대 필요한 칼슘을 공급하게 된다. 또 감귤에 있는 구연산은 식욕을 증진시키는 일도 한다.

감귤이 피부를 매끄럽게 해준다는 것은 잘 알려져 있는데, 동시에 혈색도 좋게 하고 빈혈의 예방에도 좋다고 한다. 알칼리성 과일이기 때문에 피로회복제로서도 기능하며, 산성 체질을 개선할 수 있다.

한 가지 더 재미있는 약효를 소개하자면 바로 멀미약 대용으로 좋다는 것이다. 향기가 좋거니와 산뜻한 맛이 있어 멀미로 고생할 때 감귤을 먹으면 멀미약을 대신하는 효과가 생긴다. 같은 이유로 수험생이 피로를 호소할 때 감귤을 먹이면 분위기를 바꿀 수 있다.

감귤 진상 특별 이벤트 과거시험

정조 20년에 예조판서 구윤명이 사직을 하겠다고 소를 올렸다. 구윤명은 영조가 아끼던 신하로 이미 나이가 86세에 이르렀고, 증손자가 이미 관직에 출사해 4대가 함께 관료로 일하고 있었다. 이에 정조 임금도 그의 사직을 윤허하는데, 그의 증손자가 관직에 나온 경로가 흥미롭다. 정조가 내린 대답을 보자.

"4대가 같은 조정에서 벼슬을 하고, 5세가 같은 당堂에서 진대晉對하고 있다. 경이 회갑 때 얻은 증손이 감귤제柑橘製 방榜에 합격하였고……."(정조 20년 1월 4일)

회갑 때 얻은 증손이라고 했으니 61세에 이미 증손자를 얻었다는 것이다. 간단하게 계산하면 아들은 40대, 손자는 20대, 그리고 그 손자가 구윤명의 회갑에 즈음하여 아들을 얻은 것이리라. 그런데 그 증손자가 커서 과거에 합격했는데, 그 과거의 이름이 감귤제다.

감귤제는 1641년(인조 19년)에 처음 시작된 과거다(따로 황감제黃柑制라고 한다). 국립학교인 성균관과 사학에서 공부하는 학생들을 대상으로 하는 과거시험인데, 매년 12월에 제주목사가 감귤, 유자 등을 진상하면 그 기념으로 보는 것이었다. 일반 과거처럼 33인을 뽑는 것이 아니라 단 1명만 뽑았는데, 몇 단계에 걸쳐 시험을 보는 것과 달리 단 1차례에 뽑아 바로 관직을 주었기 때문에 인기가 높았다. 지방 향시까지 쳐서 보통 9번 시험을 치르는 것에 비하면 복권당첨이나 마찬가지였을 것이다.

조선시대에는 이 감귤제 이벤트에서 보듯 제주도 감귤이 대단한 인기였고 희귀한 과일이었다. 그런데 아쉽게도 지금은 그때의 재래종 감귤은 거의 찾아볼 수 없고, 현재 우리가 먹는 것은 대개 20세기 초에 일본에서 들여온 '온주밀감'이란 품종이다. 지금 남아있는 감귤나무는 병귤, 산귤이 그래도 좀 많이 남아있고 청귤이나 홍귤 등은 몇 그루밖에 되지 않는다. 맛은 좀 떨어지더라도 이런 재래 감귤은 문화재 보호차원에서 보존해야 할 것 같다.

살구

중국 행화촌의 분주

공자는 어떤 나무 아래에서 제자들에게 강의를 했다. 그런 연유로 공자를 모시는 향교에는 당시의 그 나무가 심어져 있게 마련이다. 그 나무가 바로 살구나무다. 그래서 공자가 강의하던 곳을 살구나무 행杏자를 써서 행단杏壇이라고 한다. 그런데 우리나라에서는 그 행을 은행銀杏으로 잘못 알아 향교마다 은행나무가 있다. 잘못 알려진 연유에 대해서는 학자들도 잘 모른다고 한다.

살구는 중국 원산이다. 봄이면 연분홍 살구꽃들이 흐드러지게 피는 마을을 행화촌杏花村으로 이름 붙이곤 했다. 중국 산동성 분양현에 있는 행화촌은 중국 특산 61도짜리 술, 분주汾酒의 고장으로 이름 높다. 분주는 중국이 자랑하는 마오타이주, 죽엽청 등 명주의 조상이고, 액체로 만든 보석이라는 찬사를 받고 있다. 행화촌에는 신천수라는 맑고 맛있는 샘물이 나오는데, 분주는 이 물로 빚는다. 분주의 역사가 1,500년이니까 이 행화촌 살구나무의 역사는 그보다 더 오랠 것이며, 분주가 유명한 만큼 이 행화촌 역시 중국 전역에 이름이 알려져 있다.

당나라의 시인 두목(杜牧. 803~853)은 이 근처를 지나다가 다음과 같은 유명한 시를 쓴다.

清明時節雨紛紛

路上行人欲斷魂

借問酒家何處有

牧童遙指杏花村

청명날 분분히 비 내리니

나그네 마음 애가 타누나

아해야 쉬어갈 주막이 어디냐

목동이 살구꽃 핀 마을을 가리키네

＊청명 : 양력 4월 5, 6일경에 있는 24절기의 하나

당나라 시절에도 분주가 유명했음을 이 시를 통해 알겠다.

한국의 살구나무

살구나무가 마을을 상징하는 행화촌은 우리나라에도 여러 곳 있다. 정확한 기록은 없지만 삼국시대 이전부터 우리나라 북부지방에는 살구나무가 꽃을 피우고 열매를 매달았을 터이다. 행화촌 사람들은 좋았을 것이다. 마음까지 밝아지는 봄꽃에다 여름이면 생각만 해도 침 넘어가는 살구가 주렁주렁 매달릴 테니 말이다. 의도적인 관상수로도 많이 심었는데, 풍수지리에 따르는 우리나라의 전형적인 정원에서는 북쪽에

살구나무를 심었다. 아마도 색깔에 따른 배치였을 터인데, 참고로 덧붙이자면 동에는 복숭아나무와 버들, 서에는 치자와 느릅나무, 남에는 매화와 대추나무를 심고 북에는 벚나무와 살구나무를 심었다. 옛 동요 고향의 봄에 '복숭아꽃 살구꽃 아기 진달래'라는 가사가 나오는데, 이것이 전형적인 옛 마을의 봄 풍경이었던 것이다.

살구에 대한 옛기록을 들춰보았더니 우박 소식에 묻어있었다. ≪고려사≫를 보면 명종 13년(1182년) 4월에 큰 우박이 내렸는데 그 크기가 '살구만했다'는 것이다.

또 고려가요에 봄을 맞이하는 음악이라는 '영춘악迎春樂'이라는 것이 있다. 봄빛이 완연한 정원 속을 걷는데 문득 바람이 부니 '붉은 꽃 피어난 살구나무 속에 꾀꼬리 소리가 좋다'는 가사다. 이 가사의 마무리가 걸작이다.

술에 취해 거듭 노는 것 아까워하지 말 것이라

어물어물하면 또 나이만 더하게 된다

≪조선왕조실록≫에는 수도 없이 많은 살구 이야기가 나온다. 대개는 계절에 맞지 않게 살구꽃이 피었으니 이상한 징조라고 한다거나 왕이 신하들에게 살구열매를 하사했다는 내용이다. 그중 재미있는 것은 조선 왕 중에 유일하게 과거에 급제한 적이 있는 태종, 그가 왕이 된 지 6년째(1405년)인 3월 24일자 기사다. 그는 나라의 안정을 위해 중국의

제도를 도입하는 데 꽤나 열성적이었던 것 같다.

이날의 기사는 '불씨'에 대한 것이다. 조선시대 왕들은 해마다 한식
(양력 4월 5, 6일. 청명과 겹친다)에 신하들에게 불씨를 나눠주곤 했다. 보통
은 버드나무에 구멍을 뚫고 문질러 불씨를 만들었다. 또 민간에서처럼
궁궐의 불씨도 꺼트리지 않고 계속 관리했다. 그런데 이날의 주제는 사
철 내내 같은 불씨를 써야 하는가였다. 중국의 예는 사철에 따라 불씨를
다른 나무로 새로 만든다는 것이다. 그래서 태종은 신하들의 청을 따른
다. 그 내용은 다음과 같다.

> 느릅나무와 버드나무는 푸르기 때문에 봄에 불을 취하고, 살구나무와 대추나
> 무는 붉기 때문에 여름에 취하고, 계하季夏에 이르러 토기土氣가 왕성하기
> 때문에 뽕나무와 산뽕나무의 황색 나무에서 불을 취하고, 작류는 희고 피단
> 은 검기 때문에 가을과 겨울에 각각 그 철의 방위색에 따라 불을 취하는 것
> 이다.

이에 따라 왕실뿐만 아니라 군대나 지방관청에서도 계절이 새로 시
작하는 날에는 불씨를 갈게 되었다. 살구나무의 입장에서 보면 불쏘시
개가 되는 것이니 그리 반가울 리 없을 테지만······.

넉넉한 효능

똑똑하기 이를 데 없지만 태어나길 머슴의 아들로 태어난 머슴이 있

었다. 아마도 주인집 담 밖에 집을 짓고 살았던 모양이다. 그래도 마당에는 살구나무를 심었다. 살구나무는 보통 심은 지 3년이면 열매를 딸 수 있고, 대략 40, 50년은 수확할 수 있다.

아무튼 이 살구나무가 튼실히 자라서 가지가 주인집 담을 넘었다. 여름이면 노랗게 살구들이 익어 담장 너머까지 주렁주렁 매달렸다. 심보 고약한 주인은 그 살구가 탐났다. 그래서 살구나무 가지가 담장을 넘었으니, 거기에 매달린 살구는 자기 것이라고 우겨서 실컷 따먹었다. 머슴은 속이 꼬였다. 그래서 어느 날 주인이 책을 읽고 있는 사랑방 문 앞에 다가가 주먹을 쥐고는 문의 문풍지를 퍽 뚫어버렸다. 놀란 주인이 무슨 행패냐고 호통을 치자 고개를 숙이기는커녕 큰소리로 대꾸한다.

"주인님, 지금 이 문을 뚫고 들어간 주먹은 주인님 것입니까, 제 것입니까?"

"그야 뭐 당연히 네 손이니까 네 것이지."

"그럼 저희집 마당에 뿌리를 내린 저 살구나무는 제 것입니까, 아닙니까?"

대답할 말이 있을 리 없는 상황이다. 그 뒷이야기는 잘 모르겠지만 아마 머슴은 쫓겨났을 것이 틀림없다. 물론 살구나무도 통째로 빼앗기고 말이다.

살구는 그냥 먹는다. 그렇지만 여러 가지 방식으로 음식을 하기도 했다. 아마도 이 집 주인이 머슴을 쫓아내고 맘껏 만들어 먹었을 음식을 한번 살펴보자.

한식 때 먹는 음식으로 행인죽이라는 것이 있다. 행인杏仁은 살구씨다. 조리법을 보면 먼저 살구씨를 물에 담근 뒤 껍질을 벗긴다. 멥쌀을 살구씨 1홉에 티스푼 1.5에서 2개 정도의 비율로 준비해 물에 불린다. 둘을 섞어서 간 다음 체에 받쳐 찌꺼기를 없앤 것으로 죽을 쑨다. 쌉쌀한 맛이 특이한 죽인데, 살구씨에는 자양강장의 효능이 있으니 보양식의 하나다.

살구차도 보약처럼 먹을 수 있다. 살구껍질을 벗긴 다음 호두와 섞어서 볶아 가루로 만든다. 이걸 한달쯤 밀봉했다가 식후에 한 숟가락씩 넣고 차를 끓여 먹는다. 살구차는 특히 추울 때 몸이 허해지고 기침이 나는 사람에게 좋다.

건행乾杏이란 것은 씨를 발라 버리고 말린 살구다. 보관해두었다가 생각날 때 뜨거운 물을 부으면 행탕杏湯이 되는데 역시 자양강장의 보약이다.

과즙에 녹말이나 꿀을 넣고 졸여서 굳힌 음식을 과편이라고 하는데 살구도 과편을 만들어 먹는다. 조리법이 간단해서 집에서 한번 해먹어 볼 수 있다. 살구를 잘 씻어서 물에 넣고 끓인다. 충분히 풀어졌을 때 불을 끄고 체에 거른다. 여기에 맛을 내는 꿀을 넣은 다음 약한 불에서 오랜 시간 졸인다. 적당한 점도가 되었을 때 네모난 그릇에 부은 다음 차게 식힌다. 그 다음엔 먹기 좋은 모양으로 썰면 되는데, 맛도 맛이려니와 색깔이 무척 고와서 아이들도 좋아할 만하다.

약방의 살구씨

살구씨의 약효에 대해서는 오래전부터 널리 알려져 있는데 대략 200가지의 치료방법이 전해지고 있다. 그래서 약방의 감초란 말에 빗대어 약방의 살구라는 말도 있다.

중국에서는 귀한 잔치의 끝에 행인탕이라는 음식이 나온다. 살구씨로 만든 것이다. 살구씨에는 특히 아미그달린이라는 성분이 3%가량 들어있는데, 폐를 튼튼히 하는 데다 최근 연구에 따르면 위암, 장암, 폐암 등에 항암작용을 한다는 것이다. 또 살구씨에는 35%가량의 지방질이 포함되어 있다. 이 지방질이 사람의 피부를 하얗게 하고 윤기가 나도록 돕는 것으로 알려져 예부터 미인들이 많이 찾았다. 얼굴에 기미가 꼈을 때에도 껍질을 벗기고 가루로 만든 살구씨를 달걀 흰자위로 갠 다음 밤에 잘 때 바른다. 아침에 따뜻한 술로 얼굴을 씻으면 기미 제거에 효과를 볼 수 있다.

그러나 한없이 먹어서는 안 된다. 살구에는 독성이 포함되어 있기 때문에 너무 많이 먹으면 정신이 흐려지고 뼈나 근육도 상할 수 있기 때문이다. 특히 덜 익거나 상처가 난 것 등은 먹지 않는 것이 좋고, 옛 문헌에서 가장 경계하는 것은 씨가 두 개인 쌍인雙仁인데, 사람이 먹으면 죽는다고 경고하고 있다.

그러나저러나 살구는 자양강장보다도 약효보다도 동구 밖 살구나무의 정겨운 풍경으로 가장 빛난다. 김용택 시인이 이런 글을 쓴 적이 있다.

살구나무에 살구가 노릇노릇 익기 시작하면 선생님들은 살구를 지키느라 정신이 없다. 선생님들이 조금만 한눈을 팔고, 무심하다 싶으면 아이들은 그 틈을 노려 살구나무를 습격했다. 선생님들이 퇴근해 버리면 동네 아이들이 학교에 와서 유리창을 깨 놓고 살구나무를 엉망진창으로 만들어 버렸다. 달이라도 뜨면 살구나무는 더 시달려야 한다.

아직도 살구나무가 있는 시골 풍경이다. '아직도' 라니……! 우리나라에서 살구나무가 거의 없어진 것은 참으로 20세기의 상처가 아닐 수 없다. 이제 고향의 봄은 판타지가 되어버렸다.

아파트마다 살구나무를 잔뜩 심어보면 어떨까? 그렇게라도 아이들에게 고향의 봄을 돌려주고 싶다.

유자

향기롭고 귀한 나무

아마도, 한국인은 유자나무 아래의 그윽한 향기와 추억을 가진 사람과 유자차만 아는 사람들, 이렇게 둘로 나눌 수 있을 것이다. 영하 9도 이하가 되면 얼어죽는 유자나무의 특성 때문에 북진을 못한 채, 제주도와 전라도 경상도의 남해안 지방에서만 재배했기 때문이다. 간혹 서울 지방에서 발견되던 유자는 집안 화분에서 키우던 관상용 유자였다.

요즘은 남해안 지방의 도로를 가다 보면 유자를 파는 행상을 자주 볼 수 있지만, 예전엔 유자나무 한 그루만 있어도 자식의 대학 등록금 걱정은 없다고 할 정도로 귀한 나무였다. 때문에 유자나무 아래의 추억은 향기와 뿌듯함과 입 안 침샘의 자극 등으로 버무려진 귀한 기억이 아닐 수 없다.

유자를 차마 놓지 못하다

수백 권에 달하는 《조선왕조실록》에는 유자에 대한 속담이 단 하나 기록되어 있다. 하긴 정치 과정을 기록한 왕조실록에는 속담이 거의 없다. 그러니까 유자에 대한 속담 기록은 예외적인 일이라고 할 수 있다.

알다시피 영조(재위 1724~1776)는 당쟁의 폐해를 없애기 위해 탕평책을 실시하였다. 하지만 수십 년간의 노력에도 불구하고 좀처럼 당쟁의 폐해는 사라지지 않았다. 이에 어느 날 밤(1756년. 영조 32년 2월 18일), 홀로 뜰에 나가 자리를 펴고는 북쪽을 향해 엎드려 빌었다. 비서 격인 승지(정3품)가 달려와 이게 웬 변고냐고 물으니 영조는 이렇게 대답한다.

"내가 (왕이 돼서) '신하들이 다시는 당파싸움을 일삼지 않을 것입니다' 라고 선조들에게 약속한 바 있다. 그런데 (탕평책을 쓴 지 수십 년이 지났는데도) 선조의 혼령을 속였기에 사과하고자 하니, 통탄스럽고 통탄스럽도다."

영조의 탄식은 계속되었다.

"속담에 '비록 성城 위에서 떨어져도 손안의 유자柚子를 차마 놓지 못한다' 고 했는데, 지금 사람은 비록 법을 어겨도 자기 당을 놓지 못하니 심히 괴이하다."

유자가 얼마나 귀했으면 성에서 떨어질 때조차 손에서 놓지 않았을까? 영조는 신하들이 죽음을 무릅쓰고라도 자기 당을 지키려고 하는 현실을 이 속담에 비유했는데, 양반 사족의 낡은 행태에 무너져가는 조선 왕조를 일으켜 세우려던 영조(그리고 그의 손자 정조)의 이런 안타까움과 달리 조선왕조는 결국 당파싸움에 날이 새고 말았던 것이다.

연산군의 유자 사랑

'답답한 기운이 가시고 정신이 맑아진다'고 했던 유자는 원래 중국 양쯔강 상류가 원산지인 아시아의 특산물인데, 그중에서도 중국과 한국, 일본, 인도의 아셈지방에서 재배하며 한국의 것이 가장 껍질이 두껍고 향이 진하다. 한반도에는 신라 문성왕 2년(840년)에 해상왕 장보고가 중국으로부터 들여왔다고 전해진다. 그래선지 장보고가 청해진을 설치했던 완도에는 예부터 유자나무가 많다.

재미있는 역사적 사실이 하나 있다. 우리나라의 대표적인 폭력임금으로 손꼽히는 연산군(재위 1494~1506)의 남다른 유자 사랑 이야기다.

연산군은 대체로 즉위 3년까지는 큰 탈 없이 임금의 자리를 보전했다고 한다. 그러니까 그의 폭정이 시작된 것은 즉위 3년부터인데, 그 즈음에 유자에 관한 이상한(?) 명령을 내리게 된다. 즉 연산군 3년 10월 14일에 경상도와 전라도 감사(요즘의 도지사)에게 어서御書를 내려 '유자는 가지를 붙여 진상하라'고 한 것이다. 왜 가지를 붙여서 진상하라고 했을까? 단지 먹기 위한 것이라면 열매로도 충분하다. 혹시 왕의 침실에 걸어놓고 향기를 맡으려고 하다 보니 가지가 없어서 불편했던 것일까?

연산군 9년 10월 14일에는 '유자를 더 많이 바쳐라'는 명령을 내렸고, 이듬해에는 절대로 얼리지 말라는 엄명이 내려졌으며, 또 그 이듬해에는 흙까지 붙여서 바치되 상하지 말게 하라는 명령이 떨어진다. 연산군은 다만 유자뿐 아니라 석류, 동백, 장미 등도 모두 흙을 붙여 바치게 했는데, 기록에 따르면 감사들이 연산군의 요구를 충족시키기 위해 흙까지 붙인 화초들을 연일 나르게 하다 보니 길에서 지쳐 죽는 백성들까지 나왔다고 한다.

아무튼 이쯤 되면 연산군이 유자를 꽤나 아꼈다는 사실을 알 수 있다. 하지만 불행(?)하게도 연산군은 이런 말도 안 되는 명령을 내린 이듬해에 쫓겨나고야 만다.

유자가 귀하긴 귀했던 것이 연산군보다 3백 년이나 뒤의 임금인 순조 때의 진상물품에 든 유자가 전라, 경상 각도마다 일 년에 한 차례씩 3백 개에 불과했던 것으로 보면 알 수 있다. 그래서 조선의 대표적 시인인 박인로의 시에 이런 글귀가 나온다.

반중 조홍감이 고와도 보이나다
유자 아니라도 품음직도 하다마는
품어가 반길 이 없을새 글로 설워하노라

이것은 유명한 '조홍시가早紅枾歌'로 박인로가 친구 이덕형(李德馨. 유명한 오성과 한음 이야기의 한음이 이 사람이다)의 집에 갔는데, 마침 홍시 대접을 받고는 주인 몰래 품어다가 돌아가신 부모님께 드리고 싶지만 부모님이 이미 돌아가셨으니 서럽다는 내용이다. 여기서 박인로는 '비록 유자는 아니지만'이라고 했다. 이 표현을 통해 당시 양반 가문에서조차 유자는 극히 보기 드문 귀한 과일이었다는 것을 잘 알 수 있다.

귀해서 고통을 준 파일

유자는 큰 귤이라고 옛사람들은 말했다. 하지만 귤과는 결정적으로 다른 점이 있으니 첫째로 귤은 잘생겼는데 유자는 울퉁불퉁 못생겼다는 점이고, 둘째로 귤은 껍질의 용도가 별로 없지만 유자는 껍질 없으면 시체라는 점이며 셋째로 귤은 껍질을 벗겨서 바로 먹을 수 있는데 유자는 그렇게 했다가는 인상을 찌푸릴 뿐이라는 점이다. 못생겨도 맛만 좋다는 말이 있지만 유자는 못생기고 맛도 좋지 않다.

그런데도 유자를 잘 아는 사람들은 유자차만 기억하는 일반의 상식에 대해 통탄하곤 한다.

비타민 C가 레몬이나 다른 감귤류의 3배나 들어있고 구연산, 칼륨, 칼슘 등이 풍부한데다 피로해소, 소화불량, 감기, 기침, 기관지, 천식, 두통, 신경통 등은 물론이고 심지어 피부미용에도 좋기 때문이다. 그래서 옛사람들은 유자를 유자차 이외에도 유자장柚子漿, 유자화채, 유자술, 유자화장수, 유자정과, 두텁떡, 원소병, 유자잼, 유자청 등 다양한 식품의 재료 및 화장품으로 사용했다.

삼월삼짇날에 왔던 제비들이 모두 강남으로 떠나간다는 중양절(음력 9월 9일)이 되면 수라간의 상궁과 나인들은 새벽부터 바쁘게 돌아치게 된다. 바로 '유자화채' 때문이다.

제주도와 남해안 지방에서 진상한 유자를 깨끗이 씻은 다음 네 쪽으로 가른다. 속에 든 알맹이는 빼내고 껍질을 가늘게 채를 썬다. 꿀물에 채 썬 유자와 배를 띄우고 석류와 잣을 띄운다. 바로 먹으면 안 되고 좀

기다려야 하는데 유자맛이 충분히 우러나야 하기 때문이다. 이렇게 해서 먹으면 유자 향기가 코를 가득 메운 가운데 석류와 잣이 보석처럼 떠 있는 유자화채의 제대로 된 맛을 볼 수 있다. 옛 임금들은 맛 좋은 음식을 먹을 때면 천신薦新이라고 하여 항상 조상에게 먼저 제사를 지냈는데, 유자화채는 화채로서는 유일하게 이 궁중 천신품목에 들어있다. 또한 왕은 유자와 귤이 올라온 것을 기념해서 성균관 유생들을 대상으로 과거시험을 보았으니 이를 '황감제黃柑製'(혹은 감귤제)라고 한다.

'유자장'은 유자청을 물에 타서 마시는 음료다. 유자껍질을 저미서 꿀이나 설탕에 재워두면 맑은 유자즙이 우러나오는데 이것이 유자청이다. 이 맑은 유자청을 병에 저장해두었다가 한여름이 되어 물에 타서 마시면 이것이 바로 유자장이다. 달면서도 신맛이 어우러져 여름철 갈증 해소엔 그만이다. 게다가 소화불량이나 체했을 때와 설사가 날 때 약으로도 먹을 수 있는데, 특히 수험생들의 정신을 맑게 하고 잠을 쫓아주는 효과가 있다.

이번엔 화장품으로서의 유자를 살펴보자.

원래 한반도인들은 화장에 독특한 조예가 있었다. 신라인들은 불교의 영향을 받아 영육靈肉 일치의 사상이 있어서 몸을 깨끗이 하고 치장하는 것을 정신수양의 하나로 보았다. 그래서 신라시대의 큰 절에는 거대한 대중목욕탕이 있었다. 또 화랑들은 귀를 뚫고 귀고리를 하였다. 후대의 비누나 화장수도 신라시대부터 시작된 것이 많다. 워낙 귀했던 탓에 유자가 그때부터 화장수로 사용되었는지는 확실치 않지만 누군가 시도하지 않았을까 싶다. 조선시대에는 오이나 수세미 등이 화장수의 주재료로 쓰였고, 유자도 화장수의 재료로 쓰였던 기록이 남아있다.

요즘엔 이렇게 만든다. 빈 병의 3분의 1을 유자씨로 채우고, 여기에 소주를 부어 밀봉한다. 두 달 정도를 어둡고 추운 곳에 두었다가 거즈로 걸러낸 다음 작은 병에 보관하여 화장수로 쓴다. 세수한 뒤에 발라주면 되는데 유자 속의 정유성분 때문에 피부가 촉촉해진다. 만약 가려움증이 있다면 유자목욕을 권할 만한데, 욕탕 물에 유자즙을 탄 뒤 몸을 담그면 피부에도 좋고 혈액순환은 물론 신경통이나 류머티즘에도 효과를 준다고 한다.

예전의 유자는 너무 귀해서 백성들에게는 오히려 고통이 되곤 했다. 혹여 연산군 같은 임금을 만나면 유자 진상 요구에 시달리다 못해 정든 고향을 버리고 도망쳐야 하기도 했다. 다행히 요즘은 누구나 이 향기로운 만병통치약(?)을 쉽게 구해 맛볼 수 있으니 다행이 아닐 수 없다. 다만 아쉬운 것은 예전엔 다양한 음식의 재료로 쓰이던 유자가 요즘 들어 빈한한 대접을 받고 있다는 것이다. 대중화라는 말을 많이 쓰는데, 입맛도 찾고 몸에도 좋은 '맛의 대중화' 도 꼭 필요한 것이 아닌가 하는 생각을 유자를 통해서 해보게 된다.

모과

복스러운 건강성

타원형이라고 하기엔 너무 울퉁불퉁하고, 먹음직스럽다고 하기엔 너무 우툴두툴한 과일, 모과. 보는 이에 따라선 어물전 꼴뚜기처럼 과일 망신을 도맡아 시키는 녀석이지만, 어떤 이들에겐 그 듬직함이 믿음직스러워 보인다.

경상북도 봉화 지역에 전해 내려오는 자장가를 들어보자. 자장가라면 다들 알다시피 어린아이를 어르고 재우기 위한 노래다. 여기서 모개는 모과의 사투리다.

둥실둥실 모개야 아무락구 굵아다오
둥굴둥굴 모개야 개똥밭에 궁글어도
아무락구 굵아다고

이 자장가에서 모개(모과)는 재워야 할 아이를 상징한다. 부모는 아이를 어르면서 개똥밭에 뒹굴어도 좋으니 굵직하게, 즉 건강하게 자라줬으면 좋겠다고 노래 부르고 있다. 튼튼한 아이를 바라는 부모의 마음이

듬뿍 담겨있다. 모과의 겉모습이야 울퉁불퉁하지만 그 건강성만은 이렇게 부러움을 받았던 것이다.

선비들이 아낀 정자목

모과가 사람을 놀라게 한 이야기는 유명하다.

어떤 사람이 모과나무를 처음 보았더란다. 갈색의 매끈하게 빠진 껍질을 보고는 감탄하다가, 이렇게 멋진 나무에서는 얼마나 멋진 열매가 맺힐까 궁금해서 집으로 옮겨 심었다. 그런데 가을에 열린 열매는 상상 이상의 못생긴 모습. 너무 놀라 홧김에 베어내려 하는데, 그 달콤한 향기가 코끝을 간질이는 것이 아닌가. 아하, 그러면 그렇지. 정말 기막힌 향이로구나 하면서 얼른 모과 열매를 따서 한입에 콱 깨물었는데…….

시고 떫은 모과. 향기의 기대를 무참하게 배반하는 맛.

그런데 모과는 그 이름부터 배반의 징조를 보인다. 생긴 모습을 따서 나무에 열린 참외라는 뜻의 목과木瓜가 본딧말인데, 참외의 맛과는 처음부터 너무 다르기 때문이다.

모과는 원래 중국 원산이라고 알려져 있다. 하지만 아주 오래전부터 우리나라의 방방곡곡에서 모과나무가 자라고 있었다. 특히 마을 공터, 집 주변, 그리고 한국식 정원에는 으레 모과나무 한 그루가 몸매를 자랑하고 있다.

우리나라 정원은 규모는 작지만 풍류와 아기자기함이 있다. 외국의 정원과 달리 수목에다 화초, 그리고 채소까지도 정원을 구성하는 요소가 된다. 그중에서도 수목은 건조한 땅이냐(적송, 매화, 향나무, 철쭉 등) 습한 땅이냐(잣나무, 수양버들, 무궁화 등)를 구분하여 심는다. 모과나무는 열매의 기능적인 면에서 분류할 수 있는 정원수다. 맺힌 열매를 따먹는 나무, 즉 과실수로 대추나무, 감나무, 자두나무, 앵두나무 등을 대표적인 정원수로 꼽는다면 열매는 맺히지만 먹기보다는 그 아름다움을 감상하는 나무로 매화나무, 주목, 석류와 함께 그 으뜸이 바로 모과나무다.

선비들이 공부하던 서원에는 으레 모과나무를 심었다. 선비들은 향기 속에서 공부하기 위해 소반이나 문갑에 모과를 담아 책상 옆에 놓곤 했다. 선비들뿐만 아니라 일반 가정집에도 모과나무를 많이 심어 5월에는 연한 붉은 빛의 다섯잎꽃을 즐기고, 가을엔 노란 참외 같은 열매를 기꺼워했다. 어차피 먹기 위해 심은 것도 아니니 모과 열매를 따서 그 그윽한 향기에 취하는 것만으로도 풍류는 충분하다. 모과 없는 정자는 운치가 없어서 모과나무를 정자목이라고 부르기도 했다.

한방이 흠모한 과일

모과는 꽃이 피는 시기에 따라 여러 이름을 가진다. 붉은 꽃은 비(緋, 붉은 명주 비)모과라고 했고, 하얀 꽃이 피는 '백白모과'도 있었다. 붉은 색에 흰 점이 섞이면 해당화에 비유해 '해당海棠모과'라 하였으며, 때 이른 봄에 피는 '한寒모과'도 있다.

하지만 모과는 뭐니 뭐니 해도 열매의 향기가 으뜸이다. 가을에 복스럽게 익은 모과를 따서 만든 모과차의 은은한 향기, 만약 이 풍경에다

창밖에 비라도 올라치면 운치는 더욱 무르익는다(물론 태풍이 우리를 괴롭
히지 않은 가을에……).

앞산에 가을비
뒷산에 가을비
낯이 설은 마을에
가을 빗소리
이렇다 할 일 없고
기인긴 밤
木瓜茶 마시면
가을 빗소리
(박용래 시인의 '모과차' 전문, 1962.10)

게다가 모과차는 몸에도 좋다. 한방에서는 오래전부터 모과를 흠모
해왔다.

모과는 따뜻한 성질이 있다고 한다. 또 습기를 제거하고 몸이 허할 때
몸 안의 물질들을 보존하고 피를 만드는 작용을 한다. 그래서 음식에 체
해서 토하고 설사를 하는 급성위장병인 토사곽란(예전엔 이런 병에도 죽어
나갔다), 찬바람에 떨려오는 신경통 류머티즘관절염, 각기병(쌀을 주식으
로 하는 나라들에서 발병하는데 마비증세 등이 온다), 폐 속에 습기가 많이 차
서 생기는 목과 여러 가지 기관지 질병들(감기, 천식, 기관지염, 폐렴)에 좋

다고 알려져 있다.

모과의 효능에 대해선 좀 과장이 심한 편이다. 모과나무가 심어진 강가를 지나갔더니 각기병이 나았다는 이야기도 있고, 다리에 쥐가 날 때 '모과!'라고 소리치거나 글씨만 써도 낫는다고도 한다.

이것저것 늘어놓아 봐야 입만 아프다. 한 가지만 덧붙이자면 입덧을 가라앉히는 효과도 있다고 하니 해당자는 실험해볼 것. 아차, 또 한 가지 주의사항이 있는데 모과는 항이뇨작용으로 소변을 농축시킨다. 따라서 신장질환자는 먹지 않는 것이 좋다.

그런데 모과를 생식, 즉 날것으로 먹는 사람은 없다. 맛 때문에 먹기도 쉽지 않거니와 몸에도 좋지 않다고 한다.

모과를 차로 먹는 방법은 두 가지다.

하나는 말려서 먹는 것이다. 껍질 벗긴 모과에서 씨를 발라내고 얇게 썰어서 가을 햇볕에 잘 말린다. 이걸 가루로 만들어서 물에 타 끓여 먹기도 하고 그냥 달여서 먹기도 한다.

또 하나의 방법은 꿀에 재서 모과청을 만들고 즙을 내는 것이다. 얇게 저민 모과를 꿀에 재운 다음 항아리에 넣어 시원한 그늘에 저장하면 즙이 고인다. 이 즙에다 말린 모과 조각 한두 개를 넣어 물에 넣고 끓이면 달고 향기로운 모과차가 되는 것이다.

과일이나 채소 같은 걸 꿀에 재서 먹는 음식을 우리나라에서는 정과正果라고 불렀다. 인삼 같은 약재, 생강이나 무 같은 채소도 정과로 만들어 먹으며, 과일 중에서는 모과나 유자를 정과로 만들어 먹는다. 설탕이나 꿀에 재서 저장하는 저장법을 당장법이라고 하는데 모과정과도 이 당장법으로 만드는 것으로, 이렇게 하면 당도가 65% 이상이 되어 오래 보관할 수 있다. 그래서 예전에는 제례음식으로 모과정과가 자주 쓰였다.

모과를 먹는 재미있는 방법을 하나 더 소개해보자.

중국에서는 산 원숭이에다 진흙을 발라 구워서 뇌만 퍼먹는다는 엽기적인 식사법이 있는데, 우리에겐 그와 달리 향기로운 진흙구이 모과가 있다. 즉 모과에 진흙을 두껍게 바른 다음 젖은 한지로 여러 겹 싸서 아궁이에 묻어두는 것이다. 한참을 놔두면 모과가 알맞게 익어 모과구이가 된다. 이것을 꺼내 한지와 흙을 제거하고 숟가락으로 파먹으면 아주 독특한 맛과 향기가 나는 음식을 맛볼 수 있다.

최고의 분재 수목

놀부는 남들과 달리 몸 안에 장기가 하나 더 있으니 그것이 심술보라 했다. 그런데 흥부전에는 놀부 심보를 비유하면서 '이놈의 심사 이러하야 모과나무같이 뒤틀리고 동풍 안개 속에 수수잎같이 꼬인 놈이 무거불측한 심사'라고 표현하고 있다. 하지만 바로 뒤틀렸다는 이 점 때문에 모과는 최고의 분재(작은 화분에 나무를 심어 노거목老巨木의 특징과 정취를 축소시켜 가꾼 것) 수목으로 꼽혀 열매가 열리는 상과류 분재의 왕으로 불린다.

모과나무 분재는 만들기가 비교적 쉬운 것으로 알려져 있다. 밑둥이 잘 발달해 모양이 좋고, 잎 모양도 달걀을 거꾸로 세운 도란형이어서 아름답기 그지없다. 노목이 되면 매끄러운 줄기에 구름무늬가 생겨 이 또한 아름다움의 소재가 되고, 봄에 엷은 홍색 꽃을 맛본 다음 낙엽이 떨어진 가을 이후에도 향기로운 모과 열매가 매달려 있어 자연의 멋으로 이만한 것이 드물다고 할 수 있다. 삭막한 아파트에 갖다 놓으면 작은 모과 정원이 하나 생기는 셈이다.

기회가 되면 오래된 모과나무를 한번 감상하는 것도 좋을 것이다. 예를 들어 전라도 순창군 강천산의 강천사에 300년 된 모과나무가 있다. 강천사라는 절은 신라 진성여왕 때 지었다고 전해지는데, 그만큼의 역사는 아니지만 300년도 적은 세월이 아니다. 이 모과나무는 지금도 꽃과 열매를 피우고 맺는데 한 가지 재미있는 일화가 있다. 수령이 오래된 만큼 일제시대에는 꽤 오랫동안 꽃을 피우지 않았다는 것이다. 그런데 1945년 해방이 되자 어떻게 알았는지 가지마다 꽃과 열매를 맺으며 기뻐했다고 한다. 물론 믿거나 말거나지만, 모과처럼 울퉁불퉁 우둘투둘하게 흘러온 우리 역사를 생각해보면 닮은꼴 모과가 이심전심 민족의 한을 깨달았겠거니 싶어 그리 허황되지만은 않은 듯하다.

호박

호박김치

커다란 호박잎 사이로 언뜻 고개를 내미는 애호박도 싱그럽다. 하지만 정감있기로는 커다란 몸뚱이에 여기저기 세월의 무늬가 매달린 늙은 호박이 제일이다. 며칠 전 어머니 댁에 갔다가, 오디오 스피커 위에 덩그마니 놓여 있는 늙은 호박을 보았다.

"얘, 식구는 둘뿐인데 호박이 너무 커서 뭘 해먹어야 할지 모르겠다."

호박은 거기 그렇게 놓여서 식사를 준비할 때마다 눈길을 받는다. 이 녀석이 장차 호박죽이 될지 호박찌개가 될지, 아니면 호박떡이 될지 기대하고 상상하는 것도 즐거운 일이고, 그냥 아무것도 되지 않아도 집안을 훈훈하게 만든다. 1년생 초본식물의 열매 하나가 집안 분위기를 완전히 바꿔놓았다.

먹는 얘기를 하나 더 하자. 새콤하면서도 입 안에서 사각거리는 맛이 일품인 호박김치.

호박김치는 원래 황해도 향토음식이다. 말은 호박김치지만 사실은 호박김치찌개라고 해야 옳다. 잘 담근 호박김치는 그대로 먹는 것이 아니고 호박김치찌개로 끓여서 먹기 때문이다.

먼저 늙지도 어리지도 않은 호박과 너무 연하지도 쇠지도 않은 열무를 다듬는다. 열무는 통째로 넣고 호박은 반달 모양으로 두껍게 썬다. 이것을 켜켜이 소금에 절였다 건져서 단지에 담는다. 건져낸 소금물에 밀가루를 넣어 끓인 물을 섞는다. 이 물을 단지에 부어 건더기가 뜨지 않도록 해서 5일에서 6일 정도 익히면 누렇게 익는다. 이것이 호박김치고, 이 호박김치를 된장물에 넣어 고추장 풀고 끓이면 호박김치찌개다. 여름철 입맛이 없을 때 먹으면 새콤 사각한 호박김치 때문에 입맛이 절로 돌아온다.

유구국에서 맛본 호박

호박은 서양종도 있고 동양종도 있다. 하지만 학계에서는 어느 것이나 남미 지역이 원산지라고 추정하고 있다. 밭둑에 호박 덩굴이 얼기설기 뒤엉킨 광경은 우리에게 아주 익숙한 풍경 같지만, 사실은 재배한 지 그리 오래지 않다.

≪홍길동전≫의 작가 허균이 지은 ≪한정록閑情錄≫(1610년) 16권 치농편에 호박에 대한 이야기가 처음 나온다. 중국의 농서와 자신의 견문을 바탕으로 서술한 것이다. 육당 최남선은 임진왜란 후 일본에서 고추 등과 함께 들어왔다고 추정했고, 한국농업사를 전공한 이춘녕 박사는 1605년이라고 추정한다. 길어야 500년이 넘지 않는 것이다. 이 때 들어온 것이 동양종 호박이라고 불리는 것이고, 요즘 쪄먹는 호박으로 인기가 좋은 밤호박은 서양종 호박으로 1920년대에야 들어왔다. 중국에서

는 남과南瓜라고 부르는데 여기서 과瓜는 오이라는 뜻으로 모두 박과에 속한다. 중국의 남쪽, 그러니까 동남아시아 쪽에서 전래되었기 때문이리라.

그런데 《조선왕조실록》에 재미있는 기록이 나온다. 제주도 사람들이 15세기에 일찍이 호박을 본 기록이다. 그들은 1478년 2월에 표류해 여러 나라를 거쳐 이듬해 4월에 조선으로 돌아왔으며, 왕이 그간의 사정을 묻자 자세히 여행일정을 설명했는데, 여기서 호박 이야기가 나온다. 허균의 《한정록》보다 130여 년 앞선 기록이다. 정작 호박 이야기는 별 내용이 없지만 재미로 읽어보자.

제주도 사람 김비의金非衣 · 강무姜茂 · 이정李正 등은 1478년 2월 1일에 배를 띄웠다. 정부에 진상할 감자를 싣고 육지로 나가는 길이었다. 하지만 곧 강풍을 만나 여러 날을 표류하다가 다른 뱃사람들은 다 죽고 이 세 사람만 살아남아 남쪽의 섬나라인 유구국(琉球國. 지금의 일본 오키나와로 예전에는 독립된 나라로 왕이 있었고 1609년에 정복되었다)의 작은 섬에 도착했다.

가보니 풍속이 조선과 많이 달랐다. 조선사람들도 귀고리를 했지만 (임진왜란 때 죽은 자의 신원을 알아내는 방법 중 하나가 귀고리 흔적이었다. 귀고리 흔적이 없으면 일본인이라고 보았다), 유구국 사람들도 귀를 뚫어 남녀 없이 푸르고 작은 구슬로 귀고리를 하고 있었다. 맨발에 신도 없이 다니고 수염을 배꼽까지 기르고, 여자도 긴 머리를 그저 머리 위에 두르고 다녔다.

그들은 유구국의 한 작은 섬에서 환대를 받고 이 섬 저 섬으로 옮겨다 녔다. 그중 한 섬의 이름이 '소내시마'였는데, 왕조실록에 임금께 고한 기록을 보면 다음과 같다.

- 부인은 코를 양쪽으로 뚫어 조그마한 검은 나무를 꿰었는데 모양이 검은 사마귀와 같았고, 정강이에는 조그마한 푸른 구슬을 둘러 매었는데 그 넓이가 수촌數寸쯤이었습니다.
- 과실로 유자柚子·작은 밤·도토리(橡栗)가 있었습니다.
- 채소로는 토란·치파·생강·마늘·가지·호박이 있었습니다.

이들 세 사람은 이 섬에서 7월부터 12월까지 머물렀다. 유구국 사람들은 조선에서 온 세 명의 표류자를 후하게 대접했는데, 조선 초기에 유구국은 조선정부와 교류하며 여러 가지 물품을 진상도 하는 형편이었으니 이들 세 사람을 후하게 대접했던 것은 조선에 대한 예의였을 것이다. 그들은 여러 가지 음식을 끼니가 끊이지 않게 대접했으니, 호박으로 만든 음식을 맛보았을 것이 틀림없다. 적어도 기록상으로는 이들이 우리나라 사람 중 최초로 호박음식을 맛본 사람들일 것이다. 어떤 음식이었을지 궁금하다.

이후 130여 년이 지나 17세기 이후 본격적으로 전래된 호박은 아주 빠르게 전파되었다. 민가에서 호박은 쓰임새 많은 반찬이자 흉년에는 구황식품의 역할까지 하였다.

호박엿은 본래 후박엿

호박으로 만든 음식 중에 우리가 잘못 알고 있는 것이 하나 있다. 바로 호박엿이다.

호박엿은 원래 후박엿이다. 후박나무 껍질을 첨가하여 만든 것이 후박엿으로 울릉도 특산품이었다. 이것이 호박엿으로 와전되어 알려졌고 엿장수가 부르는 '엿단쇠(소리)'에 '울릉도라 호박엿'이라고 하여 널리 알려진 것이다. 사실 지금도 울릉도 특산물로 호박엿이 시판되고 있는데 이것은 감자로 만든 것이다. 호박에도 전분이 많기 때문에 엿을 만들 수 있지만 생산량에서 미치지 못하니 감자로 대신한 것이다.

서과西瓜라고 불렸던 수박의 수분 함량은 98%나 된다고 하는데, 남과南瓜인 호박 역시 수분이 대단히 많아 95%나 된다. 이 밖에 단백질 2.0%, 지방 0.6%, 탄수화물 3.9%이며, 무기질과 비타민은 100g당 칼슘 15mm, 철 0.7mg, 비타민C 8mg이 들어 있고 비타민 A의 효과가 있는 카로틴도 들어있다. 《동의보감》에서는 호박이 맛이 달고 독이 없으며 오장을 편하게 한다고 되어 있고, 산후 진통에 효험이 있으며 눈을 밝게 한다고 쓰고 있다. 우리 속담에서도 '동짓달 늙은 호박을 삶아 먹으면 1년 내내 병이 없다'거나 '중풍에 걸리지 않는다'고도 하며, 추석 끝난 후의 늙은 호박은 '가을 보약'이라고 불렀는데 당도가 애호박의 두 배가 넘는다. 늙은 호박의 색깔은 우리 땅을 닮아 황토빛인데 이 색을 내는 카로티노이드에는 항암효과가 있다고 한다. 또 담배 피우는 사람의 경우 폐암에 걸릴 확률이 높은데, 하루 반 컵 정도의 늙은 호박을 먹으면 폐암에 걸릴 확률이 반으로 준다고 한다.

호박은 어린 놈부터 먹기 시작해 자라서 늙을 때까지 계속 다양하게 요리해 먹는 거의 유일한 열매다. 전통적으로 어린 호박은 나물이나 전으로 만들어 먹었다. 늙은 호박은 떡이나 범벅, 그리고 죽으로 만들었다. 호박씨도 좋은 군것질거리다. 요즘은 호박아이스크림까지 나오는데, 호박은 칼로리가 적어 밥 한 그릇 대신 호박죽 한 그릇을 먹으면 칼로리가 밥의 1/4 정도에 불과하다. 배고프지 않은 다이어트에는 제격인 셈이다. 술 먹은 다음 날 호박죽을 먹으면 설사를 멈추게 해주고 위를 보호한다고 하니 해장국 대신 호박죽을 먹는 것도 생각해볼 일이다. 또 호박을 중탕하지 않고 영양분을 그대로 살린 호박음료도 개발되어 있는데, 산모나 감기에 자주 걸리고 몸이 붓는 사람들을 위한 기능성 고급음료이며 이 밖에도 호박차, 호박넥타, 호박드링크 등 다양한 음료들까지 등장하여 호박의 쓰임새가 날로 커지고 있는 중이다.

우리 땅을 닮은 호박

호박꽃을 소재로 한 재미있는 동시가 있다. 우리나라 아동문학의 선구자인 강소천 선생의 '호박꽃 초롱'이다. 그는 우리말 신문들이 다 폐간되고, 살아남은 일부 잡지들은 '황국신민서사'를 매호 실어야 했던 시절에 한글로 동시집을 낸 용기있는 시인이다. 동시집 제목이 ≪호박꽃 초롱≫이다. 여기서 초롱은 촛불이나 등잔불에 씌워서 불을 밝히는 기구다.

호박꽃을 따서는 / 무얼 만드나 / 무얼 만드나
우리 애기 조그만 / 초롱 만들지 / 초롱 만들지

반딧불을 잡아선 / 무엇에 쓰나 / 무엇에 쓰나
우리 애기 초롱에 / 촛불 켜 주지 / 촛불 켜 주지
—'호박꽃 초롱'

우리네 농촌 풍경에서 가장 흔했던 호박 덩굴과 호박꽃, 그리고 지금
은 거의 사라졌지만 일제시대만 해도 어디서나 볼 수 있었던 반딧불. 이
두 가지 흔하디 흔한 한국적 소재를 가지고 만든 동시다. 커다란 호박꽃
으로 초롱을 만들고, 그 안에 반딧불로 불을 켜겠다는 것이다. 얼굴 못
생긴 사람 보고 호박같다고도 하고 호박꽃이라고도 놀리는데, 이 시를
보고는 그런 맘이 싹 사라질 것이다.

호박의 색깔은 우리 땅을 닮았다. 호박꽃은 우리네 함박웃음을 닮았
다. 호박의 커다란 잎은 우리네 심장을 닮았다. 늙은 호박의 울퉁불퉁한
외모는 우리가 꾸려가는 한반도의 역사를 닮았다.

그래서일까? 늙은 호박 하나만 거실에 놓여도 집안이 온통 푸근해지
는 것은.

꿀

자연의 축복

어느 책에서 본 이야기다

가난한 마을의 한 농가에 괴사나이가 나타났는데 돌 하나를 내놓으며 밥을 지어 달란다. 먹을 밥도 모자란 터라 거절하려 했지만 그 돌에서는 아주 좋은 향기가 났다. 분명 희귀한 돌이라 생각한 주인은 밥 한 끼를 해주고는 부리나케 상인에게 달려간다.

처음에 상인은 열 냥을 주겠다고 한다. 두 냥 정도면 감지덕지라고 생각한 농부는 얼씨구나 좋다고 속으로 생각하고 있는데, 마침 함께 간 사람이 튕긴답시고 열 냥엔 못 주겠다며 뻗대었다. 그러자 당황한 상인은 얼떨결에 그 돌은 천밀석이라고 하는데 열 냥도 후하게 쳐준 것이라며 설득하려 했다. 시골 농부라 무식하려니 했지만, 주인도 함께 간 사람도 천밀석이 얼마나 귀한 물건인지를 잘 알고 있었다. 자연 협상은 유리하게 되어 농부는 그 열 배도 넘는 돈을 받아내고야 만다.

그렇다면 향가 나는 돌, 천밀석은 무엇인가?

천밀석은 바위에 붙은 지 아주 오래되어 돌처럼 단단하게 굳은 꿀이 든 벌집이라고 한다. 바위에 붙어있는 벌집은 드문데, 이것을 석밀이라

고 하여 귀한 꿀로 여긴다. 그런데 어떤 이유에선가 벌이 떠나고(이사,
혹은 몰사) 난 후 5년 징도가 지나면 굳어서 돌과 같이 된다. 이 때만 해
도 이 벌집에서는 향기가 나지 않는다. 하지만 오랫동안 자연의 공기와
함께 호흡을 하면서 50년이 지나면 미미한 향기가 나기 시작하고, 100
여 년이 지나면 아주 진한 향기가 나는 돌이 되는데 이것이 바로 천밀석
이다.

　중국에서는 예부터 이 천밀석을 하늘이 내려준 선물로 여겨 한漢의
의성醫聖 태정台頂은 ≪득효집성방得效集成方≫이라는 책에서 천밀석이
음과 양의 치우친 부분을 보완해주고 북돋워주어 균형을 유지하게 해주
며, 십 년 이상 가루로 만들어 차에 타 마시면 흰머리가 검은 머리로 돌
아오는 영약이라고 주장하고 있다(설봉. ≪추혈객≫에서 재인용).

먹으면 죽는 꿀

　≪용재총화≫(傭齋叢話. 성현. 16세기)에 보면 '먹으면 죽는 꿀'이라는
이야기가 있다.

　어느 스님이 벽장 속에 꿀단지를 넣어놓고 혼자 몰래 먹었다. 어느 날
상좌에게 이 사실을 들켰는데, 둘러대는 말이 먹으면 죽는 약이라는 것
이다. 상좌는 스님이 출타한 사이에 꿀을 다 먹고는 스님이 아끼던 벼루
마저 깨버렸다.

　스님이 돌아와보니 벼루는 깨져있고 그 옆에는 비어버린 꿀단지가
있다. 어찌된 일이냐고 호통을 치자 상좌 왈 '스님이 아끼시던 벼루를

깨뜨려, 먹으면 죽는 약을 먹고 죽기를 기다리고 있습니다'라고 했단다.

비슷한 이야기에는 스님 대신 훈장 선생님이 등장하기도 한다. 또 비단 한국 뿐만 아니라 일본 및 아시아, 유럽에도 널리 분포되어 있다. '귀한 것'을 혼자 먹으려는 높은 사람을 아랫사람이 재치로 골려주면서 통쾌해하는 이야기는 만국 공통인 셈이다.

꿀은 귀한 것이었다.

벌을 치는 양봉이 시작되기 전은 말할 것도 없고, 양봉이 시작된 이후에도 꿀은 아무나 먹을 수 있는 음식이 아니었다.

그러면 사람이 꿀을 얻기 위해 벌을 치는 양봉은 언제 시작되었을까?

고대 그리스 로마의 신들이 꿀을 주식으로 삼았다고 한다. 실제 유럽의 동굴에서는 1만~1만 5천 년 전의 감미료로 꿀이 발견되었고, 야생 벌집에서 꿀을 채취하는 그림도 있다. 또 이집트 피라미드에서는 3천 년 전의 꿀단지가 발견되기도 했다. 구약성서에서는 희망의 땅을 '젖과 꿀이 흐르는 땅'으로 묘사하고 있기도 하다. 이로 미루어 아주 일찍부터 양봉이 시작되었다는 것을 짐작할 수 있다.

우리나라의 경우 기록에 따르면 고구려의 시조 동명성왕 때 재래종 벌인 동양종 꿀벌Apis cerana이 원산지 인도로부터 중국을 거쳐 들어왔다고 한다. 또 백제 의자왕의 아들 태자 풍豊이 일본에 갈 때(643년. 의자왕 3), 꿀벌 4통을 가지고 가서 양봉 기술을 전해주었다고 하니 중국 — 한반도 — 일본의 일반적인 경로를 거쳤음을 알 수 있겠다. 하지만 꿀이라는 것이 원래 자연산이고, 농사를 지으려면 한 곳에 정착해야 하니 농경민족이었던 조상들은 중국에서 양봉법을 수입하기 이전에 필시 자생적으로 양봉법을 알고 있었으리라 짐작된다.

신라시대 이후 양봉은 동양종 꿀벌을 이용한 전통적 방법이 수천 년 동안 크게 변하지 않은 채 계속되었다. 생청生清이라 하는 것은 벌집을 쥐어짜서 꿀을 얻어내는 것이고, 밀폐된 방에 군불을 때어 꿀이 녹아내리도록 하는 방법이 화청火清이다. 그런데 이 둘 모두 벌집을 파괴하는 방법이다. 이 때문에 양봉의 역사는 수천 년이지만 꿀은 늘 귀한 것이 될 수밖에 없었다.

고려시대에는 살생을 금하는 불교의 율에 따라 제사상에도 고기를 쓰지 못했다. 그래서 유밀과라는 과자로 물고기나 새의 모양을 본따 제사상을 차렸는데, 이 때문에 꿀이 많이 필요했다. 누구나 유밀과를 쓰게 되자 꿀의 생산이 수요를 따르지 못해 고려 명종은 1192년에 귀족들과 사찰까지 유밀과를 쓰지 않도록 하는 명령을 내리기도 한다. 왕이 먹기에도 모자랐던 것이다.

벌집을 훼손시켜야 꿀을 얻을 수 있는 양봉법이 자리를 대체한 것은 19세기 말이었다. 한국에 온 독일의 선교사들이 개량종 서양꿀벌을 이용한 새로운 양봉법을 소개한 것이다. 요즘 우리가 볼 수 있는 벌통, 원심분리기식 꿀 채취법 등은 이 때에 비로소 등장했다. 그리하여 1930년대에 이르자 양봉의 황금기가 시작되어 민간인들도 어렵지 않게 구할 수 있을 정도로 대중화되었고, 당시 굴지의 제약회사였던 천일약방은 '영신환'이라는 약을 꿀로 조제하기 위해 양봉사업부를 설치했는데, 이들은 전국을 옮겨 다니면서 양봉을 했다고 한다.

꿀벌의 입은 자연의 신비

TV 다큐멘터리 중에 수십 년 동안 변함없이 사람들의 사랑을 받는 프로그램이 있다. 바로 '동물의 왕국'이다. 굳이 동물이 아니더라도 자연의 신비에 대한 프로그램은 늘 사람들의 경탄을 자아내고, 새삼스럽게 자연의 위대함에 고개 숙이게 만든다. 재미있는 것은 이런 프로그램일수록 어린이나 청소년들보다는 나이 든 분들이 더 흥미를 보인다는 것이다. '동물의 왕국' 같은 프로그램은 어린이 시간대에 편성되지만 주부나 나이 든 분들이 더 좋아하는 프로그램이다. 나이가 들어서야 자연의 신비를 제대로 음미할 수 있다는 뜻일까?

꿀을 만드는 과정에서도 어김없이 자연의 신비가 등장한다. 아니, 애초에 자연의 신비가 아니라면 꿀이 만들어질 수 없다.

꽃(유채, 메밀, 싸리나무, 아카시아, 밤나무, 감나무, 밀감나무, 클로버, 자주개자리 등)에 있는 당의 성분인 수크로오스는 특히 사탕무나 사탕수수에 많다. 즉 설탕의 재료인 것이다. 만약 꿀벌이 이것을 그대로 벌집에 옮겼다면 우리는 설탕의 재료가 되는 수크로오스 이상을 얻을 수 없다. 그런데 신기하게도 꿀벌의 입에서 나오는 소화효소가 이 수크로오스를 꿀로 전화시키는 것이다. 이 소화효소의 존재야말로 꿀이 만들어지는 과정의 핵심요소가 된다.

수크로오스는 벌들의 입에서 나오는 소화효소의 작용에 의해 단당류인 과당과 포도당으로 바뀐다. 수분은 약 17%이고, 나머지 83%가 대부분 과당과 포도당이다. 단맛이 나는 당류는 단당류에서부터 단당류 두 분자로 이루어진 이당류, 그리고 올리고당(3~9개의 단당류로 이루어진 복합당류) 등이 있는데, 그중 올리고당은 위에서 소화가 안 되기 때문에 장까지 내려가 비피더스균(즉 유산균)의 먹이가 되어 장을 튼튼하게 하는 작용을 할 뿐이고, 이당류 역시 다시 단당류로 분해되는 과정을 거쳐야 몸의 자양분이 된다. 반면 단당류는 몸에 바로 흡수가 되기 때문에 지극히 좋은 영양분인 것이다.

꿀벌이 꿀 1kg을 만들기 위해 빨아야 하는 꽃의 수는 약 560만 개라고 한다. 여왕벌이 있는 벌집 1통에 일벌이 약 5만 마리가 있으니, 벌 5만 마리가 날아가 1마리당 약 100개의 꽃에서 꿀을 빨아 부지런히 벌집에 옮기면 꿀 1kg이 나오는 것이다. 여왕벌 1마리가 있는 꿀벌가족이 이렇게 해서 1년 동안 모으는 총량은 약 13~14kg. 꿀벌의 입을 빌려서, 아니 그들의 소화효소의 힘을 빌려서 우리는 이 꿀을 먹게 되는 것이다.

꿀은 종합영양제!

한방에서는 약의 종류를 세 가지로 나눈다.

중국 의약서인 ≪신농초본경≫은 약을 세 등급으로 나누는데, 1년 365일에 빗대어 상약上藥 120종, 중약中藥 120종, 하약下藥 125종을 소개하고 있다. 상약이라고 하는 것은 신체에 독성이 없고 부작용이 없는 자연 상태의 생약으로 사람의 생명을 북돋는 것을 말한다. 중약은 사람에 따라 독이 되거나 부작용이 있을 수 있는 약으로 병이 난 후에 보약으로 쓸 수 있는 것이다. 하약은 질병을 치료할 때 쓰는 것으로 사람에게 해가 될 수 있어 장기간 쓸 수 없는 것이다.

이 중 식물성 상약으로 대표적인 것이 인삼, 그리고 동물성 상약으로 대표적인 것이 바로 꿀이다.

꿀은 종합영양제라고 할 수 있다. 꿀에는 포도당, 과당 등의 에너지원이 되는 당분 이외에도 단백질, 미네랄, 비타민 B_1, B_2, B_6 등이 들어있고 꽃가루까지 몸에 좋다.

생약연구학자 홍문화 박사에 따르면 꿀의 효능은 ①피로 해소 ②빈혈 예방과 치료 ③당뇨의 당원 ④간장병의 예방과 치료 ⑤숙취 해소 ⑥미용효과 ⑦유아의 발육촉진 ⑧살균효과 등이라고 하니, 그야말로 건강보약의 으뜸이라 할 만하지 않은가.

끝으로 한 가지 짚고 넘어가야 할 것은 양봉꿀과 토종꿀에 대한 오해다.

설탕, 혹은 설탕을 인공적으로 꿀로 만든 가짜꿀과 양봉꿀은 개념이 다르다. 양봉을 해도 꿀벌은 꽃들의 개화기에는 당액을 먹지 않는다. 물론 양봉에서는 벌들이 먹을 게 없는 시기에는 당액을 줘서 벌의 건강을 보양시키지만 꿀을 만드는 기간에는 그런 일이 없고, 설령 당액을 줘도 벌들이 외면한다는 것이다. 따라서 토종꿀과 양봉꿀은 제대로 된 과정을 거치면 성분상의 차이가 없고, 있다고 해도 아주 미미한 셈이다.

신토불이가 좋다는 점은 너무나 당연하지만, 지나치게 해석하여 열

심히 꿀을 채취한 꿀벌들의 노동을 허투루 돌리게 된다면 수억만 마리의 양봉 꿀벌들이 얼마나 낙심할 것인가. 또 토종꿀에 대한 과도한 선호가 자칫 양봉업자들을 실의에 빠뜨릴 수 있다는 점도 생각해봐야 할 것이다.

4장
화이트 & 블랙white & black

신사임당 〈초충도〉 – 오이와 개구리

친친히 씹어서/ 공순히 먹거라/ 봄에서 여름 지나 가을까지/ 그 여러 날들을/ 비바람 땡볕으로/ 익어온 쌀인데/ 그렇게 허겁허겁/ 삼켜버리면/ 어느 틈에/ 고마운 마음이 들겠느냐/ 사람이 고마운 줄 모르면/ 그게 사람이 아닌 거여

쌀

쌀 나오는 바위 구멍

'쌀 나오는 구멍'이란 옛이야기는 전국 어디서나 쉽게 찾을 수 있다. 옛날 어떤 깊은 산속에 절 하나가 있었는데, 이 절은 명물바위로 유명했다. 그 바위에서는 끼니때가 되면 쌀이 흘러나왔는데, 참으로 신기하게도 절에 머물고 있는 사람 수에 비례해서 쌀의 양이 조절되었던 것이다. 그래서 수도하는 스님이 늘거나 줄어도, 혹은 찾아오는 신자들이 많거나 적어도 양식 걱정을 할 필요가 없었다. 그런데 하루는 한 스님이 욕심이 생겼다. 저렇게 매일 끼니때마다 쌀이 흘러나오는 걸 보니 바위 안에는 엄청나게 많은 쌀이 있을 것이라고 생각했던 것이다. 그래서 이 스님은 바위에 난 구멍을 쑤셔대기 시작했는데, 아뿔싸! 그 뒤부터는 쌀이 나오지 않고 물만 나왔다고 한다.

이 이야기의 교훈이라면 '지나친 욕심'을 경계하라는 것이겠지만, 하필 쌀 나오는 구멍이 소재가 되었다는 점에 주목할 필요가 있다. 인도 동부에서 중국 남부에 이르는 아열대 지방이 원산인 쌀은 한국적 기후와 지형에서 재배하기가 쉽지 않은 작물이었다. 청동기 시대부터 한반도에서 재배했지만, 백성들의 주린 창자에 쌀이 주식이 되기까지는 수천 년이 걸려 조선 후기에나 제1작물이 되었을 정도다. 한국인들은 쌀을 재배하기 위해 다른 나라에는 없는 물 대는 논을 만들었고, 그걸 표현할 한자가 없어 논 답畓이라는 한국형 한자를 만들어내기까지 했다. 이렇게 볼 때 무한정 쌀이 나오는 바위 구멍은 그야말로 수천 년 내려온 민중의 '꿈'이었을 것이다.

밥짓기 세계 최강

김남일, 김태영 같은 축구스타를 등장시켜 화제가 되었던 '러브米' 캠페인 광고를 기억하시는지. 이렇게 쌀 소비 촉진 광고까지 나오는 것을 보면 확실히 쌀 소비가 줄긴 했나 보다. 하지만 전통적으로 한국인은 밥 많이 먹는 민족으로 유명했다.

우리나라의 대표적인 대식가로 신라 29대 왕이자 삼국통일의 주역인 태종무열왕 김춘추가 꼽힌다. 과장이 섞이기야 했겠지만 아무튼 기록에 따르면 김춘추는 하루에 쌀 서 말, 꿩 아홉 마리, 술 여섯 말을 먹어치웠다고 한다. 술도 쌀로 만들었으니 '쌀 힘'으로 삼국을 통일한 셈이다.

의적 홍길동의 형이라는 주장이 있는 세조 때 선비 홍일동 역시 만만치 않은 대식가다. ≪필원잡기≫(서거정)라는 책에 홍일동이 진관사에 놀러갔을 때 먹은 음식의 양이 기록되어 있다. 그는 진관사에서 밥 세 바릿대(승려들의 공양 그릇), 떡 한 그릇, 국수 세 그릇, 두부와 청포묵 아홉 그릇을 먹었는데, 내려오는 길에 다시 산 아랫마을에서 대접을 받아서 삶은 닭 두 마리, 어회 한 접시, 생선국 세 그릇, 술 40여 잔을 마셨다고 한다.

숫제 사람이 아니다. 하지만 우리 선조들은 대식가가 아니더라도 성인남자 기준으로 한끼에 쌀 5홉은 먹었다고 하는데, 이 정도면 요즘 가정의 전기밥솥을 가득 채울 양이다. 사실 조상들은 밥을 많이 먹지 않고는 영양을 보충할 수 없었다. 더구나 쌀은 영양분의 보고이기도 했다.

사람의 신체는 탄수화물을 단백질과 같은 다른 영양분으로 바꾸게 되는데, 쌀의 경우 양질의 탄수화물덩어리면서도 빵과 같은 밀가루 음식에 비해 2배 이상 단백가가 높은 고영양 식품이다. 쌀에 없는 것은 비타민 A, 칼슘 정도라고 하니 쌀로 모든 영양분을 채운 조상들이 이해가 간다.

쌀로 만든 것이 밥만은 아니다. 100여 가지가 넘는 떡, 수백 가지가 넘는 술, 감주, 엿, 미숫가루, 죽 등 쌀제품은 한국인의 식생활을 지배해 왔다. 심지어 조상을 섬기는 집안 제사에서 신주단지에 넣는 나락도 쌀로 채웠다. 무당들은 쌀을 던져 숫자를 세어 쌀점을 치기도 했다. 삼국시대에는 쌀이 화폐로 사용되었고, 20여 년 전까지만 해도 소작료의 70, 80%는 쌀로 지불되었다.

이러다 보니 쌀을 다루는 기술도 아시아 최강(대부분 아시아에서 쌀을 주식으로 하니까 곧 세계 최강)이 되고 말았다.

농학자 서유구는 ≪옹희잡지饔熙雜志≫에서 '한국인의 밥짓기는 천하에 이름났다'고 적고 있는데, 중국 청나라의 장영은 ≪반유십이합설飯有十二合設≫에서 '조선사람들은 밥짓기를 잘한다. 밥알에 윤기가 있고 부드러우며 향긋하고 또 솥 속의 밥이 고루 익어 기름지다'고 적고 있다.

쌀 다루는 기술의 가장 대표적인 예가 압력밥솥이다. 요즘에야 아예 상품으로 압력밥솥이 나오지만, 예전엔 어느 집에나 압력밥솥이 있었으니 바로 무쇠로 만든 가마솥이 그것이다.

높은 산에서 밥을 지을 때는 냄비 위에 돌을 얹어놓는 것이 상식이다. 높을수록 기압이 낮아지고 따라서 액체가 기체가 되기 쉬워진다. 덕분에 물이 끓는 온도가 낮아지고, 밥이 다 되지 않았는데도 물이 끓어 증발하니까 결국 물이 모자라 밥이 타버리는 것이다. 위는 설익고 아래는 타버린 3층밥이 만들어진다. 그래서 산꼭대기에서 밥을 할 때는 평소보다 물을 많이 넣고 압력을 높이기 위해 뚜껑 위에 돌을 얹는다.

가마솥이 압력밥솥이 되는 것은 단지 무쇠로 만든 뚜껑의 무게 때문은 아니다.

아무리 무쇠로 만들었어도 수증기의 압력 때문에 무쇠솥뚜껑도 들썩거리게 마련이다. 그러면 밥짓는 이는 차가운 행주로 솥뚜껑 위를 계속 닦는다. 행주질로 솥뚜껑의 표면이 차가워지게 되고, 뚜껑에 닿는 김은 물방울로 바뀌며 가장자리로 흘러가 들썩거리는 솥뚜껑과 솥 사이에 나는 틈을 막아버린다. 그 덕분에 가마솥은 압력밥솥과 같은 효과를 내게 된다. 적당히 김이 빠지면서, 또 적당히 김이 빠지는 것을 막아주는 것이다. 밥짓는 지혜가 이 정도 경지에 올랐으니 한국인의 기술이 세계 최강일 수밖에……

사랑스런 욕, 밥통

농사가 천하 일의 근본이고, 그 농사의 근본이 쌀농사이다 보니 한국인의 삶에서도 쌀을 떼어놓을 수가 없다.

가족, 가문 중심의 가족구조가 중요했던 한국에서 집안 살림의 주축은 시어머니, 며느리, 손주며느리로 이어진다. 그중에서도 가장 중요한 몫을 하는 것은 맏며느리다. 그래서 맏며느리를 잘 들이면 가문이 흥한다고 했다. 그런데 농사 짓는 볍씨 선택이 그만큼 중요하다고 생각한 것이 한국인이다. 그래서 '볍씨 선택은 맏며느리 고르기와 같다'는 속담이 생겼다.

씨앗이 중요하다는 의식은 '논 자랑 말고 모 자랑 하라'는 속담에도 나타난다. 흔히 상답, 중답, 하답으로 논의 생산성을 나누지만, 그보다 중요한 것은 앞으로 좋은 쌀을 맺을 모를 키우는 일인 것이다.

쌀과 밥에 대한 한국인의 정서는 아직 메마르지 않았다. 가슴 저편을 들춰보면 거기엔 여전히 쌀에 대한 깊은 애정이 남아있다. 그런 마음이 다음과 같은 시를 낳는다.

천천히 씹어서/ 공순히 먹거라/ 봄에서 여름 지나 가을까지/ 그 여러 날들을/ 비바람 땡볕으로/ 익어온 쌀인데/ 그렇게 허겁허겁/ 삼켜버리면/ 어느 틈에/ 고마운 마음이 들겠느냐/ 사람이 고마운 줄 모르면/ 그게 사람이 아닌 거여

(이현주, '밥')

쌀의 소중함을 모르면 사람이 아니고 한국인이 아닌 것이다.

그런데 재미있는 사실 하나는 쌀의 소중함을 너무 지나치게 잘 알면 (?) 밥통이 된다는 것이다. 세계 어느 나라든 어리석은 사람을 빗댈 때 그 나라의 가장 흔한 음식, 혹은 가장 맛있는 음식을 가져다 쓴다. 그런데 우리나라는 '밥통'이라는 말을 쓴다. 머리 쓸 생각은 않고 그저 밥에 대한 한없는 애정만이 남아있으면 그게 밥통이고 바보다.

참고로 다른 나라의 예를 보면 그 나라의 가장 흔한(혹은 맛있는) 음식을 쉽게 알 수 있다. 우리의 밥통과 같은 뜻의 단어가 이탈리아에서는 '마카로니'다. 독일에서는 '순대의 한스', 영국에서는 '푸딩의 재크', 프랑스에서는 '포도주의 장', 네덜란드에서는 '연어 자반'이라고 한단다.

쌀 과학 유감

전 세계적으로 20여 종의 쌀이 있지만 아시아에서는 거의 오리자 사티바oriza sativa라는 한 품종을 쓰고 있다. 이 오리자 사티바의 대표적 아종亞種으로 자포니카와 인디카가 있는데, 온대지방에서는 자포니카(한국, 일본), 아열대 지방에서는 인디카(중국, 동남아, 인도)를 주로 재배한다. 자포니카는 쌀알이 둥글고 끈적하며, 인디카는 쌀알이 길고 비교적 건조하다. 중국인들이 밥그릇을 들고 밥을 먹는 것은 바로 인디카가 찰기가 적은 쌀이어서 밥알이 자주 굴러 떨어지기 때문이다.

그런데 지난 2002년에 퍽 재미없는 소식이 있었다.

스위스 바젤에 본부를 두고 있는 국제적 농약회사 '신젠타'가 자포니카의 유전자지도를 완성했다는 것이다. 신젠타는 농약 부문 세계 1위, 종묘 부문 세계 3위의 다국적 회사다. 일본 주도로 한국 등 10여개국이 연합해서 1998년부터 자포니카의 유전자지도를 해독해왔지만 이 다국적 회사에 선수를 빼앗기고 말았다. 따라서 앞으로 신젠타는 자포니카의 신품종, 자포니카 재배에 필요한 농약 부문 등에서 '맛있는 쌀'이나 '다수확품종' 개발에 앞서가게 되고, 우리는 로열티를 물고 밥을 먹어야 할지도 모른다. 반면 중국은 베이징 게놈연구소에서 독자적으로 중국 쌀 인디카의 유전자지도를 완성했다 하니, 적어도 이 부분만큼은 중국이 앞서간 것이다.

생각해보면 이 자포니카 쌀에 한국인이 기울인 노력이 얼마던가?

지난 1998년에 충북 청원군 소로리에서 출토된 볍씨는 무려 1만 3천 년에서 1만 7천 년 전에 묻힌 땅에서 나왔다고 한다. 미국 지오클론 연구소와 서울대 AMS 연구실에서 조사한 결과 이 소로리 볍씨가 1997년 중국 허난성에서 출토된 1만 년 전의 볍씨를 물리치고 세계 최고最古의 볍씨가 되었다. 이 볍씨가 바로 자포니카 고대벼와 유사한 품종이다.

또 경기도 여주에서 발견된 약 3천여 년 전의 탄화미炭火米가 있다. 자포니카 쌀은 최소한 3천 년 전부터 한국인과 함께해왔던 것이다. 한 세대를 25년 주기로 나눈다면 무려 120세대, 즉 120대조 할아버지부터 자포니카쌀과 애환을 함께 나눴다. 척박한 한국의 자연환경에서 쌀을 재배하기 위해 수많은 시도가 이루어졌고, 120세대를 거치면서 우리는 새로운 품종을 개량해왔던 것이다.

이제 와서 한국인의 삶과 함께해온 쌀을 로열티까지 주고 먹어야 한다면 진짜로 '조상 뵐 면목'이 없게 되지 않을까?

보리

무명옷 보리죽

서방님은 글만 알고 시부모는 망령뿐이며 시누이는 험담만 늘어놓는 가난한 집에 시집온 16세 처녀가 있었다. 그래도 부지런하여 시집온 지 3년 만에 집안을 일으켜 잘살게 되고 아들들이 크게 벼슬도 하게 되었다. 마침내 딸이 시집을 갈 때가 다가와 딸을 앞에 놓고 일장 훈시를 하는데, 거두절미하고 '나처럼 살아라' 라는 내용이었다. 그러면서 하는 말이 '건넛마을에 사는 '괴똥어미'는 억만금 가산에 고루거각 기와집에 시집왔지만 사치하고 비생산적인 일에 재산을 낭비하더니 집안은 망하고 서방과 자식은 죽고, 자신은 거지신세가 되었다는 것이다.

이것은 조선시대 국문 가사체 소설인 ≪괴똥어미전≫의 줄거리다. 주체야 아무렇거나 이 이야기 속에는 보리죽이 등장한다. 시집온 16세 처녀가 겪었던 가난을 이제 옛이야기처럼 딸에게 설명하는데, 그 상징으로 내민 것이 옷으로는 무명이요 먹을거리로는 보리죽이었다.

이처럼 보리는 가난과 한恨의 상징이었다.

눈 빠지게 기다리는 봄, 그리고 보리

아무리 추운 겨울이라도, 참고 견디면 봄이 온다는 희망이야말로 우리네 삶의 가장 큰 역설이다. 아무리 따뜻한 봄일지라도 참고 견디면 언젠가 얼어 죽을 겨울이 온다고는 말하지 않는 역설이다. 하긴 역설이 아니라 그런 게 삶일지도 모르겠다.

그런데 우리네 조상들의 겨울은 단지 '봄'이 아니라, 보리가 있는 봄을 기다리는 계절이었다. 겨울은 쌀 떨어지는 소리가 들리는 계절이었고, 어서 산에 나물이라도 돋아 허기를 면해야 하는 절박한 계절이었다. 그런데 보리는 4월(음력)이나 되어야 수확한다.

그래서 해마다 입춘立春이면 보리뿌리로 점을 치곤 했다.

보리뿌리를 캐어 뿌리가 한 가닥이면 흉년이요 두 가닥이면 평년작이고, 세 가닥이면 풍년이 들 징조라고 했다. 보리가 잘 자랐으면 당연히 뿌리가 많아 잘 성장할 징조를 보인다는 점에서 대단히 현실적인 점이다. 전라남도 일부 지방에서는 입춘 대신 정월 초하룻날 보리뿌리점을 보기도 했다는데, 입춘조차도 너무 멀어 보이는 갈급증 때문이었을까?

쌀이 아시아에 한정된 곡물임에 비해 보리는 전 세계적인 분포를 보인다. 야생보리는 중국 양쯔강 상류의 티베트 지방(여섯줄보리)과 카스피해 남쪽의 터키 인근 지역(두줄보리)이 원산지로 유력하다고 하는데, 이미 7천 년에서 1만 년 전쯤부터 재배가 시작되었다고 한다.

서양에서는 일찌감치 보리빵을 만들어 먹었고, 고대 바빌로니아 시대에 이미 맥주를 만드는 재료로 각광을 받았다. 다만 보리빵은 밀빵에 비해 인기가 적었나 보다. 로마 역사가 수에토니우스에 따르면 로마 병사들이 잘못을 저지르면 밀빵 대신 보리빵을 먹었다고 한다.

한국의 경우 고구려의 시조인 고주몽 설화에 보리가 등장한다. 알에서 태어난 고주몽은 동부여의 왕 금와(금개구리를 닮았다고 함)의 총애를 받았지만, 금와왕의 자식들이 질투와 시기를 하자 이를 피해 남쪽으로 간다. 혼자 남은 그의 어머니 유화는 자식 걱정을 하다 비둘기 목에 보리씨를 매달아 소식을 전했다는 것이다(《삼국유사》 중에서).

정사인 《삼국사기》를 보면 가장 이른 기록은 백제의 시조인 온조왕 28년(서기 10년) 4월에 서리가 내려 보리를 해쳤다는 것이 있다. 온조왕은 주몽의 둘째아들이니, 이로 미루어 주몽과 온조 등 삼국의 시조들이 나라를 세우기 이전에 이미 한반도에서 보리 재배가 시작되었음을 알 수 있다. 신라의 경우엔 파사 이사금 5년(서기 84년)의 기록이 최초인데, 보리줄기가 가지를 쳤고 크게 풍년이 들어 여행하는 사람들이 양식을 가지고 다니지 않아도 되었다는 기록이 보인다. 《고려사》에는 태조 왕건의 봉기로 쫓겨난 궁예가 바위골짜기로 도망가 이틀을 보냈는데, 하도 배고파 보리 이삭을 몰래 끓여 먹다가 암살당했다는 이야기가 전하고, 고려 예종 12년(1127년) 6월에 경상도 상주에서 보리를 바쳤는데 두 가닥에 세 이삭이 나 있어 신하들은 상서로운 일이라 하여 함께 축하했다는 기록이 있다.

이처럼 오랜 세월 전부터 우리 역사와 함께한 보리다.

하지만 보리는 언제나 배고픔과 가난의 상징이었고, 쌀에 비해 이등 작물이었으며 가난한 사람들의 주식이었다. 그나마 보리마저 익지 않은 보릿고개는 한국인이 눈물겹게 넘어가야 할 생명의 고개였다. 어떤 꼼꼼한 이의 조사에 따르면 기록에 남아있는 지난 2천 년간의 한해(가뭄 피해)는 모두 304회로, 이 중 기근(飢饉. 굶주리는 상태)이 199회, 대기근이 82회, 그리고 사람을 잡아먹을 정도의 초대기근이 23회였다고 한다. 이 조사로 보면 평균 6년에 한 번꼴로 기근이 들었는데, 기록에 빠진 것을 감안한다면 굶주림은 우리 조상들의 일상에 가까웠고 그때마다 가장 목빠지게 기다린 것이 바로 보리였던 것이다.

들밥 소쿠리 속 푹 삶은 보리밥

보리밭이 푸르러지면 마음도 풍성했으리라. 전쟁 중인 1952년에 만들어진 박화목 작사 운용하 작곡의 '보리밭'은 이 푸르름의 정서를 노래하고 있다.

보리밭 사잇길로 걸어가면
뉘 부르는 소리 있어 나를 멈춘다
옛 생각이 외로워 휘파람 불면
고운 노래 귓가에 들려온다
돌아보면 아무도 보이지 않고
저녁놀 빈 하늘만 눈에 차누나

적어도 굶어죽을 걱정은 없는 정서다.

이윽고 보리 이삭이 패고 여물어 보리걷이를 하면 타작 차례다. 어느 지방에나 '보리타작노래'가 있는데, 특히 경상도 타작노래가 널리 불렸다.

억만군사야 뚜드려보자
어허 타작이야
천석으로 뚜드르까
어허 타작이야
만석으로 뚜드르까
어허 타작이야
(경북 영덕군)

보리 베기에 좋은 날은 24절기 중 망종이다. 망종은 양력으로는 대략 6월 6, 7일경인데 '보리는 망종 전에 베라'는 속담이 있듯이 망종을 넘기면 보리 농사를 망친다고 보았다. 이날 사람들은 풋보리 이삭을 뜯어서 손으로 보리알을 비벼 모은 것으로 죽을 끓여 먹는다. 고려시대엔 매달 보름(망날이라고 함)에 그 계절의 새로운 날 것을 조상신에게 바치는 천신薦新이라는 풍속이 있었는데, 4월 보름이면 앵두와 함께 보리를 천신했다(참고로 2월 보름엔 얼음을 천신했다).

보리 베기를 하고 나면 보리밥의 계절이 온다. 뙤약볕이 한창인 여름

한낮의 들밥 소쿠리에는 푹 삶은 보리밥에 열무김치, 고추, 고추장, 된장이 들어있게 마련이다. 열무김치를 넣고 고추장에 썩썩 비빈 보리밥을 한입 가득 떠먹은 다음, 고추를 된장에 푹 찍어 와사삭 씹어먹는 그 맛은 먹어본 사람만 안다. 이 보리밥의 맛은 오래전부터 공인되어 왔는지라 '농가월령가'에 보면 5월령에 '아기 어멈 방아 찧어 들바라지 점심하소. 보리밥 찬국에 고추장 상치쌈을……'이라는 구절이 바로 그 맛스러운 광경을 보여준다. 고산 윤선도가 이런 풍경에 시조 한 수를 빼놓을 리 없다. 보리밥에 풋나물을 먹고 나서 물가 바위에 앉아 실컷 놀았으니 부러울 것이 어디 있겠는가. 커~!

보리밥 풋나물을 알맞초 먹은 후에
바위끝 물가에 슬카지 노니노라
그나믄 여나믄 일이야 부럴 줄이 있으랴

맥주? 아녀 맥다!

유월 유두의 계절식 중에도 보리로 만든 음식이 보인다. 햇보리로 만든 귀한 음료로 화채의 일종인 보리수단이다. 만드는 법을 보면 먼저 햇보리를 푹 삶아 여러 번 헹군다. 그 다음 보리 한 알 한 알에 일일이 녹말가루를 묻혀서 다시 삶아낸다. 이것을 찬물에 담갔다 건져 또다시 녹말가루를 묻혀 삶는데, 3~4회를 반복하여 보리가 콩알만한 크기가 되도록 만든다. 여기에 꿀을 탄 오미자 물을 붓고 보리가 떠오르면 잣을 몇 개 넣어 먹는다. 얼음까지 띄우면 여름철 음료로 그만이다.

현대인도 늘 즐기는 보리차는 한자로 맥차라고 한다.

볶은 겉보리를 넣어서 끓인 보리차는 비타민 B1이 듬뿍 들어있는 여름철 비타민 공급원이고, 술 마신 다음 날 수분 보충용이며, 밥 먹은 다음의 구수함을 입 안에 남게 하는 음료수다. 수돗물 속의 중금속이 걱정된다면 이 역시 보리차다. 강원대 환경과학과팀(김희갑 교수 등)의 조사에 따르면 보리차는 물 속에 들어있는 납과 카드뮴 등 중금속의 농도를 대폭 줄인다는 것이다. 수돗물 속에 이들 중금속을 넣고 끓인 증류수와 비교해볼 때, 보리차는 납과 카드뮴, 비소의 농도를 70%가량 줄였고 구리와 니켈, 코발트는 50%를 줄였으며 크롬은 8~9%를 없앴다고 한다.

보리는 한恨의 곡물이지만, 거기서 풍류를 퍼올리는 것이 한민족이다. 요즘은 사시장철 특별식이니 오늘 점심은 보리밥으로 채우며 역사를 씹어보는 게 어떨까?

인삼

한국인이 길들인 소중한 식물

내가 그의 이름을 불러주기 전에는

그는 다만

하나의 몸짓에 지나지 않았다

많은 사람들이 애송하는 김춘수 시인의 '꽃' 1연이다. 1연에 이어지는 2연은 '그의 이름을 부르자 비로소 나에게로 와 꽃이 되었다' 는 내용이다. 달콤한 연시로 읽히기도 하지만, 사실은 생텍쥐페리의 소설 ≪어린왕자≫에 나오는 여우의 명언과 닮았다.

사막에서 어린 왕자를 만난 여우는 이렇게 말한다.

"네 장미가 그토록 소중해진 건, 네가 네 장미에게 들인 시간 때문이야."

그리고 또 이렇게 말한다.

"그렇지만 넌 잊으면 안 돼. 네가 길들인 것에 대해서 넌 언제나 책임이 있어."

장미에게 시간을 들이고 장미를 길들였으며, 그리하여 장미가 소중해졌다는 여우의 말 — 이름을 불러주자 비로소 내게 와 꽃이 되었다는 것. 둘 모두는 사람과 사람, 사람과 세계 사이는 서로의 의미를 인식하고 상대를 자기의 세계로 끌어들임으로써 비로소 의미있는 관계가 맺어진다는 것을 표현하고 있다.

인삼과 한국인의 그 오랜 친분관계를 생각하다 보니 또 뜬금없는 이야기로 시작하고 말았다. 드릅나무과 인삼속 — 인삼속의 학명은 Panax인데 그 뜻은 Pan(모든)+acos(약), 즉 만병통치약이란 뜻이다 — 의 한 식물. 수천 년 전부터 그 명성을 떨쳤고, 세계에서 처음으로 재배에 성공한 식물. 한자를 쓰는 모든 나라에서 參삼이라고 표현하는데 유독 한국에서만 풀 초艹를 윗머리에 붙여 蔘삼이라고 쓰는 식물. 한국인들이 오랜 시간을 쏟았고, 그래서 길들였고, 마침내 너무나 소중해진 식물, 바로 인삼이다. 우리가 그의 이름을 불러주자 그는 비로소 우리에게로 와 고려인삼이 되었다.

고려인삼의 깊은 뜻

고려인삼이란 말은 단지 KOREA에서 나는 인삼이란 의미를 넘어선다. 흔히 산삼이라고 불리는 자연 인삼의 자생지는 우리나라와 중국의 만주, 그리고 소련의 연해주 3곳뿐이다. 만주와 연해주는 한때 번성했던 한나라의 영토였다. 그것은 바로 고구려! 즉 고려다(고려는 고구려를 계승한 나라이니까). 그러니 인삼은 고려인삼일 수밖에 없다.

공교롭게도 고구려 최초의 한시도 인삼에 관한 시라고 전해진다. 원시는 이렇다.

人蔘讚

三莖五葉 背陽向陰 欲來求我 假樹相尋

인삼을 기리며

세 줄기 다섯 잎사귀 해를 등지고 그늘을 좋아하네

나를 얻으려면 가수나무 아래서 찾으라

일찍이 고구려의 한시에서 이처럼 해를 등지고 그늘을 좋아한다고 표현된 인삼은 음양을 겸비해야 잘 자라며 태어난 땅을 몹시 따진다. 한국산 인삼을 미국에 갖다 심어봐야 제대로 된 결실을 바라기 어렵다. 이것이 고려인삼을 유아독존하게 만드는 이유이다. 하지만 또 하나 알아둬야 할 것은 실제로 외국산 인삼과 고려인삼은 뿌리도 다르다는 사실이다.

좀 지루하겠지만 각 나라 인삼의 뿌리를 찾아보자.

우선 유럽에서 팔리고 있는 시베리아인삼Siberian ginseng은 드룹나무과인 건 같지만 속屬은 인삼속Panax이 아닌 오갈피나무의 일종이다. 즉 풀뿌리가 아니라 나무뿌리다.

같은 인삼속으로는 미국, 일본, 중국산이 있다. 광동인삼 · 아메리카인삼 · 양삼洋蔘 등으로 불리는 미국인삼은 원식물이 Panax quinquefolium LINNE이고 일본의 죽절인삼竹節人參은 Panax japonicum C. A. MEYER이며, 중국의 삼칠인삼三七人參은 Panax notoginseng(BURK) F. H. CHEN다. 반면 한국인삼은 Panax schinseng NEES다. 외국 인삼과 고려인삼은 원식물 자체가 다른 것이다.

미국인삼 분투기

이렇게 원식물이 다르지만 고려인삼이 워낙 귀하다 보니 경쟁자도 제법 생기게 되었는데, 그중 재미있는 케이스가 미국산 인삼의 화려한 등장이다.

네덜란드인 하멜이 조선에 왔다가(1653~1666) 쓴 ≪하멜표류기≫에도 인삼을 소개하고 있지만, 유럽에 인삼의 약효가 제대로 알려진 것은 중국에 왔던 프랑스 선교사 자르투P. Jartoux의 보고서가 처음이다. 이때부터 서양에도 인삼의 약효가 알려졌는데, 그들 자신이 먹기보다는 중국에 수출하기 위해 야생 인삼의 채취가 시작되었으니, 그곳이 바로 미국 동북부 지방이다.

18세기 중반엔 중국으로 미국산 인삼이 대량으로 수출되었다. 약효를 의심받기는 했지만 가격경쟁력이 있는 미국인삼은 조선의 상인들에게도 큰 위협이 되었다. 반면 미국에서는 한때 서부의 골드러시에 비견되는 인삼러시가 일 정도로 인삼 수출이 활황이었다.

미국인삼의 황금기는 그러나 길지 못했다. 자연삼이란 어차피 캐고 나면 그뿐이다. 언제까지나 대량으로 공급될 수 없었다. 그래서 어느 때

부턴가 미국 동북부에서는 '심봤다(?)' 는 소리가 드물어지기 시작했다.

조선인삼은 달랐다. 대량으로 공급할 수는 없었지만 마르지 않는 샘물처럼 꾸준했다. 중국인들은 값이 비싸더라도 다시 조선의 인삼 상인들에게 의존할 수밖에 없었다. 이유는 아주 간단하다. 조선에서는 인삼을 재배하고 있었기 때문이다.

고려인삼 분투기

인삼재배의 과정은 황석영의 소설 《장길산》에 자세히 나온다. 전라남도 화순군 동복면 일대에서 최초로 재배에 성공한 인삼을 개성상인들이 받아들여 기업화시키는 과정이 약간의 허구를 통해 이렇게 묘사되고 있다.

개성상인 박대근은 어느 날 한 모녀를 만난다. 그들의 말인즉슨

"저희는 일찍이 전라도 화순에서 살았습니다.(중략) 저희 이웃 고을인 동복에서는 어떤 이가 벌써 산삼 모종을 내었습니다. 바깥어른도 재배법을 익히셔서 삼포를 마련하시고는 다달이 적어놓으셨어요. 드디어 첫 재배에 성공하셔서 열 뿌리를 견본으로 골라 지니고 오셨습니다. 그렇지만 하루가 한 달이요, 한 달이 일 년이 넘어 어언 삼 년이 넘도록 종무소식이라, 저 혼자 저것들을 데리고 무작정으로 송도엘 왔지요. 아마 노상에서 앓다가 돌아가신 게 분명합니다. 그래서 제가 주인의 어깨너머로 보아 두었던 묘포 재배를 해보구 있었습니다. 가장이 돌아오지 않으니 우리두 살 방도를 찾아야지요. 그러나 피

땀으로 이루어놓은 비법을 아무에게나 알릴 수도 팔아넘길 수도 없었습니다."

이렇게 해서 소규모 재배농가의 특산품이 기업적인 상품으로 탈바꿈하게 되었다는 얘기다. 하지만 실제로는 연대가 잘 맞지 않는다. ≪정조실록≫에 박유철이라는 개성상인이 인삼의 기업적 재배에 앞장섰다고 되어 있는데(≪민족문화대백과≫에서 인용), 장길산은 숙종(재위 1674~1720) 때 사람이니 장길산 시대의 인물이라는 박대근과 정조시대(재위 1776~1800)의 박유철은 시대가 한참 다르고, 오히려 조선 최고의 거상 임상옥(1779~1855)과 비슷한 시대다(실제로 TV 드라마 '상도'에서는 박유철과 임상옥이 거래하는 걸로 나왔다).

그런데 여기서 우리가 반드시 짚고 넘어가야 할 것은 인삼재배의 성공기가 아니라 인삼재배를 할 수밖에 없었던 민중의 고난기다. 인삼의 가치를 인정받는 만큼 인삼의 쓸모가 지대해지자 인삼이 나는 고을마다 인삼을 바치라는 요구가 쇄도했고, 조선 후기로 가면 인삼을 바칠 수 없어 살던 고향을 떠나 떠도는 유민이 커다란 사회문제가 될 정도였다.

오죽했으면 정조 9년 2월 1일자 기록을 보면 인삼 공납의 폐단을 의논을 하는 자리에서 정조가 직접 이런 말을 한다.

"우리나라 백성의 괴로운 고통 중에서 인삼의 폐단이 가장 심한데, 그 폐단을 말하기는 쉽지만 폐단을 바로잡기는 어렵다."

인삼재배는 이런 인삼 공납의 고통을 벗어나기 위한 민중의 몸부림이었던 것이다.

영광과 고통의 식물

인삼은 자랑이지만 곧 고통이기도 했다. 중국 사신이 오면 반드시 인삼이 필요했고, 지방의 수령들은 뇌물로 쓰기 위해 인삼이 필요했다.

숙종 때의 강계부사 신건은 조정의 중신들에게 잘 보이기 위해 인삼을 두루 바쳐서 큰 문제가 되었다. 그때 인삼을 받은 인물은 좌의정, 우의정, 병조판서, 예조판서 등 조정의 거의 모든 중신들이었다. 받은 자가 너무 많아 결국 뇌물을 바친 신건만 처벌을 받았다.

또 조선인들이 공납과 생존의 문제로 산삼을 캐기 위해 청나라의 국경을 넘나들다 청국 관리에게 상처를 입히자, 청나라가 벌금 2만 냥을 '조선국왕 아무개에게 물린다'며 조선을 모욕한 일도 발생했다. 왕과 대신들은 그 모욕에 치를 떨었지만 결국 승복할 수밖에 없었고, 중국은 그런 모욕을 주면서도 사신들이 조선에만 오면 인삼을 챙겨갔다.

인삼의 약효적 가치는 세계적으로 인정받고 있다. 현대 의학도 인삼의 효능을 증명하고 있다. 특히 고려인삼은 다른 어느 나라의 인삼보다 효능이 탁월함이 입증되었다. 또한 우둘두툴한 외국의 인삼과 달리 고려인삼의 날씬한 몸매는 미스코리아보다 더 한국의 미를 대표할 만하다. 하지만 이렇게 가치를 인정받기까지는 조상들의 영욕이 고스란히 묻어있었음을 잊을 수 없다.

아마도 이 땅에 묻힌 민초들의 삶이 고스란히 고려인삼의 자양분이 되었을 것이다. 우리가 먹는 인삼엔 조상들의 뼛가루가 들어있다. 우리네 먹을거리 중에서 인삼만큼 영광과 고통을 함께 준 것도 다시없지 않을까?

양파

사람의 마음은 양파다

흔히 남자들은 이렇게 불평한다. 여자의 속마음은 정말 모르겠다고. 벗겨도 벗겨도 또 껍질이 있는 양파같다고. 그러나 이건 뭘 모르고 하는 소리다. 사람의 마음은 원래 양파와 같다. 한 꺼풀 한 꺼풀이 다 그 사람의 마음이다. 그 꺼풀들이 다 알맹이다. 원래 우리가 먹는 양파도 열매도 뿌리도 아닌 비늘줄기이며, 거기에 잎들이 붙어서 만들어진 것이다. 그러나 애초에 열매처럼 알맹이가 있을 리 없다. 정답 하나를 찾으려는, 말하자면 사랑하는 여인을 한마디로 규정해보려는 그 자세가 오히려 문제일 것이다.

사람을 처음 만났을 때, 그에게서 풍기는 낯설음과 둘 사이에 흐르는 어색한 공기는 양파의 톡 쏘는 향기와 같다. 가까이하기엔 너무 먼 당신처럼. 그러나 시간이 지나고 사이가 무르익으면 프라이팬에 달달 볶은 양파처럼 단내가 난다. 어색함은 휘발해버리고 바라보는 눈길에서부터 달콤함이 묻어난다. 어쩌면 양파의 이런 속성들 때문에 그 오랜 세월을 인류와 함께했는지도 모르겠다.

미라에도 나오는 양파

양파는 받아들이는 이에 따라 극단적인 반응을 불러일으키기도 한다. 떠도는 설에 따르면 미국 웨스트버지니아주에서는 어린이가 양파 냄새를 풍기며 학교에 오는 것은 규칙 위반이라고 한다(확인해보지는 못했다). 일본의 노벨문학상 수상자인 가와바타 야스나리는 소설 ≪설국雪國≫에서 여주인공인 기생 고마코駒子의 매끄러운 피부를 양파와 같다며 찬탄하고 있다. 보기는 좋은데 냄새는 싫다?

양파의 원산지는 서아시아, 혹은 지중해 연안이라고 한다. 이 지역은 고대문명이 발달한 지역이다. 이집트의 피라미드 벽화에서도 흔적이 발견되었는데, 제1~2왕조시대(B.C 3200~2780)라고 하니 지금으로부터 약 5천 년 전이다. 유사 이래 양파를 먹어온 셈이다.

재미있는 것은 피라미드 안에서 미라를 발견했을 때의 일이다. 미라의 눈과 겨드랑이에 양파가 끼어있었던 것이다. 양파가 미라 보존에 어떤 영향을 끼친 것인지는 확인할 수 없지만, 이집트인들은 물질적인 영향보다는 양파의 어떤 신성한 힘을 믿었기 때문에 이렇게 한 것 같다. 학자들에 따르면 고대 이집트인들은 양파가 죽은 사람에게 활력을 주고, 약속을 어긴 자에게 재앙을 가져온다는 믿음을 가졌다고 한다.

아무튼 양파가 자생하는 서아시아, 지중해 연안으로부터 시작된 양파 식용의 풍습은 유럽 전역으로 퍼져 나갔다. 12세기부터는 러시아에서도 즐겨 먹었고, 미국에는 16세기에 넘어갔다. 지금은 전 세계 양파 생산량 1위가 미국이다.

중국집에 자장면을 배달시키면 반드시 양파가 따라온다. 자장면은 비록 한국에 귀화한 음식에 가깝다고 하지만, 실제로 중국인들의 음식도 양파를 빼면 요리가 안 된다. 그렇다면 중국인들은 언제부터 양파를 먹었을까?

중국에 양파가 들어온 것은 대체로 당나라 초기, 그러니까 7세기 무렵이다. 당시 당나라는 동아시아의 대국으로서 중동지방과 활발한 교류를 하고 있었다. 중국에서는 양파를 위총(玉蔥)이라고 부르는데, 기름기 많은 중국 음식과 훌륭하게 조화가 된다. 하늘을 나는 건 비행기만 빼고, 다리가 달린 건 책상만 빼고 다 요리 재료라는 중국 음식의 특징은 철철 넘치는 기름기. 이런 음식들을 많이 먹으면 혈전(핏덩어리)이 형성되어 고혈압, 동맥경화, 심장병, 뇌졸중, 당뇨병 등 요즘으로 말하면 성인병에 걸릴 확률이 대단히 높아진다. 그런데 양파는 혈전을 막아주는 성분이 들어있어 중국인들의 성인병을 예방해주는 고마운 존재다.

일찌감치 양파를 재배해서 먹은 중국과 달리 한국이나 일본에 도입된 것은 한참 후이다. 일본은 19세기에 미국으로부터 들여왔고, 한국은 19세기 말, 혹은 20세기 초에 일본을 통해 전수받았다. 1906년 서울 뚝섬에 원예모범장이 설치되면서 재배기술과 품종에 대한 본격적인 연구가 시작되었고, 이후 전국적으로 재배지역을 넓히게 되었다. 인류의 역사와 함께한 식품이지만 한국인들이 먹기 시작한 지는 이제 겨우 100여 년인 셈이다. 사실 한국인들이 아주 오래전부터 먹어온 것은 파다. 원산지가 중국 서부인 것으로 추정되는 파는 삼국시대부터 한국인들의 먹을

거리였다. 그래서 양파의 이름도 서양에서 들어온 파라는 뜻이다.

그런데 여기서 궁금증 하나. 요즘도 중국집 자장면에는 반드시 양파가 따라오고, 자장면 자체에도 볶은 양파가 들어있다. 그렇다면 개화기 인천에서 처음 자장면집들이 생겼을 때도 양파가 들어있었을까? 만약 그랬다면 우리나라 사람들이 최초로 양파를 먹게 된 것은 자장면을 통해서였을 것이다. 자장면(炒醬麵. 중국 발음으로는 차오장미엔)은 돼지고기, 양파, 생강들을 다져서 춘장과 함께 볶은 다음 국수에 얹어 먹는 중국 요리다. 그중에서도 하층민들이 즐겨 먹는 요리(사천. 혹은 광동지방)였다. 개화기에 인천에 들어온 중국 인부들을 대상으로 처음 열었던 음식점이 자장면집이고, 이 식당들의 음식을 한국인들도 즐겨 먹으면서 자장면에 캐러멜을 넣어 더 달착지근하게 만든 것이 한국식 자장면이 되었다. 그런데 중국인들이 일찌감치 양파를 즐겨 먹었다는 데에 비추어보면 이 당시 인천의 자장면집들도 양파를 넣었을 것이고, 따라서 당시의 인천 사람들이 한국인 최초로 자장면과 함께 양파를 먹은 사람들이 되는 셈이다.

150가지나 되는 효능

양파의 속내를 한번 살펴보자.

성분으로 분석하면 양파는 수분이 90%다. 그 밖에 단백질 약간, 당질, 비타민, 칼슘, 철 등도 소량씩 들어있다. 현재까지 인간의 몸에 좋은 성분만 약 150가지 정도가 발견되었다고 하는데, 가장 잘 알려진 것은 매운맛을 내는 성분이다. 이것은 열을 가하면 기화되어 일부는 없어지고 일부는 분해되어 프로필메르캅탄으로 바뀐다. 이 성분은 설탕의 약 50배 가까운 단맛을 낸다고 한다.

양파의 가장 특징적인 면은 조리하는 사람의 눈물을 강제로 흘리게 만든다는 것이다. 일본의 한 식품업체 '하우스 푸즈House Foods' 연구팀에 따르면 눈물이 나게 하는 것은 양파에만 있는 특유의 화합물로, '최루인자 신타제'라고 불린다. 양파 특유의 향은 눈물과는 관계없으며 티오설피네이트라는 또 다른 화합물의 작용이라고 한다.

최근 양파는 그야말로 불로초 대접을 받고 있다. 경남 농업기술원의 연구결과에서는 양파에서 추출한 물질이 암과 관련한 효소활성화를 저해하는데 이 때문에 피부암, 위장암 등에 효과가 있다는 것이 밝혀졌다. 다만 불로초 양파는 산삼처럼 단기간에 효과를 보기는 어렵고, 하루 50g정도의 양파 추출물을 2년 이상 장기 복용해야 하는 것이 좀 불편하다. 이 밖에도 양파 껍질에 있는 퀘르세틴이라는 성분은 세포의 손상과 지방의 산화를 막고, 알릴계의 휘발 성분은 소화분비를 촉진한단다. 또 술 먹는 사람에게도 양파가 좋은데, 양파에 들어있는 글루타티온 유도체는 간장의 해독 기능을 강화하니 술 먹을 때는 반드시 양파를 같이 먹을 일이다. 글루타티온은 이 밖에도 임신중독이나 약물중독의 해독에도 효과가 있다.

양파에 대한 연구결과들은 하루가 다르게 새로운 것이 나오고 있으니, 일일이 설명하기도 어려울 지경이다. 그러나 어떤 효능이 밝혀지든 우리가 할 일은 쉽다. 많이 먹으면 되니까……

밭에서 나는 불로초

양파의 매운맛이나 톡 쏘는 향기를 싫어하는 사람들을 위한 양파 음식도 많다.

유럽인들은 양파를 포도주에 넣어 먹는 양파와인을 즐겼다. 양파 2개를 껍질 벗겨 병에 넣은 다음 적포도주 500ml를 넣어 2~3일 보관하면 양파와인이다. 양파는 건져내고 와인만 밀봉하여 하루 2~3잔을 먹으면 당뇨, 정력감퇴, 기침, 생리통에 좋다고 한다. 자연요법이 발달한 일본에서도 양파와인이 인기라고 한다. 또 식초를 양파에 부어 10일 정도 저장한 후 꺼내 먹는 양파식초는 두통, 변비, 치매예방에 효과적이다. 양파를 찜통에 쪄서 햇볕에 말린 후 가루로 낸 양파가루는 냄새가 사라지기 때문에 그냥 숟가락으로 떠먹을 수도 있고, 조미료처럼 음식에 넣어 먹을 수도 있다.

일찌감치 양파를 즐겼던 세계인들은 다양한 양파요리들을 만들어냈다.

호주인들이 가장 즐기는 불에 구운 바비큐는 양파와 함께 한다. 새끼 양이나 돼지고기를 두껍게 구워 먹는데, 이 때 반드시 볶은 양파와 함께 먹는 것이다. 프랑스의 오농 그라티네라는 수프는 기름에 볶은 잘게 썬 양파에 쇠고기와 구운 빵 조각을 띄운 후 치즈를 얹어 끓인다. 초원 위로 말 달리던 몽골족들은 안장 밑에 고기 조각을 넣고 연하게 만들어 먹었는데, 이것이 오늘날의 햄버거의 원조다. 몽골인들은 이 고기에 소금과 후추를 뿌리고 양파즙을 짜서 맛을 냈다. 몽골의 유럽 침략과 함께 이 조리법이 유럽에 전해졌고, 특히 하층 노동자가 많았던 독일 함부르크에서 조리법이 발달해 몽골인들과는 달리 불에 살짝 구워서 먹었는데 이것을 함부르크 스테이크라고 불렀으며, 후에 햄버거가 된 것이다.

양파는 또 가난한 사람들의 구황식이기도 했다. 중세 영국의 농노들은 아침식사라고 해야 빵 한 조각과 맥주, 혹은 사과주 한 잔이었다. 점심 역시 굶을 지경이 아니면 치즈와 빵 정도였는데, 이 때 양파를 한두 개 먹었다고 한다. 양파가 유일한 야채 먹을거리였던 셈이다.

유럽에서는 양파가 다른 용도로도 많이 쓰였다고 한다. 예컨대 전염병에 효과가 있다는 믿음이 있어서 한국인들이 금줄을 치듯 양파를 묶어 문 앞에 걸어놓았다. 또 젊은이들은 양파로 사랑점을 쳤다. 여인들은 장차 애인이 될 후보들의 이름을 양파에 새겨넣고 땅속에 묻는다. 그리고 양파마다 정성들여 물을 준다. 그중에서 가장 먼저 싹이 돋고 줄기가 잘 자라는 양파에 적힌 이름, 바로 그 청년이 자기를 가장 깊게 사랑하는 사람이라는 것이다.

오늘날 한국인의 식탁에서도 양파는 빼놓을 수 없는 품목이다. 그런데 안타깝게도 다른 많은 먹을거리와 같이 중국식에 점령당하고 있다. 중국 정부는 한국과 일본을 채소류 수출 전략지역으로 선정해놓고 있을 정도다. 덕분에 양파는 국내 유통의 약 77%가 중국산이다.

암 예방을 비롯한 각종 효능들이 속속 밝혀지면서 앞으로 양파는 단순한 요리재료 이상의 상품이 될 가능성이 높다. 따라서 우리네 양파 농업은 생산량이나 가격으로 경쟁할 것이 아니라 양파의 효능을 이용한 기능성 상품화에 눈을 돌려야 할 것이다. 그렇게 되면 양파는 수입하지만 오히려 양파상품은 중국으로 수출할 수도 있지 않을까?

밤

열부열녀들의 밤나무

여름 동해 바다에서 가장 재미있는 일을 꼽으라면 나는 주저없이 자맥질해서 즐기는 조개잡기를 떠올린다. 그저 놀러만 왔다가 뭔가 생산적인 일을 했다는 가외의 기쁨마저 있기 때문이다. 그리고 가을 산에서는 그 재미있는 일이 밤 털기, 밤 까기다.

우리 선조들도 가을마다 이 재미있는 일을 즐겼는데 요즘과 좀 다른 점이 있었다면 그중 많은 수를 땅속에 묻어 저장했다는 사실이다. '남의 제사상에 밤 놓아라 대추 놓아라' 한다는 속담에서 알 수 있듯이 아주 옛날부터 밤은 제사상의 단골손님이었고, 제수 준비를 집안의 아주 중요한 일로 여겼기에 그 때를 위해 밤을 저장했던 것이다. 또 하나의 이유가 있다면 밤은 아주 많은 탄수화물을 함유하고 있어 식사 대용으로 쓸 수 있는 유일한 과실이었다는 점이다. 그래서 흉년을 대비한 겨울나기 식량으로 저장했던 것이다. 고려시대에 송나라 사신이 와 여름에도 밤이 있는 걸 기이하게 여겨 어떻게 밤을 저장했냐고 물었더니 '도기에 밤을 담아 땅속에 묻어두면 한 해 내내 보관할 수 있다'는 기록이 남아 있는데, 이로 미루어 밤 저장법은 아주 오랜 옛날부터 전해져 왔던 것 같다.

달마다 가장 신선하고 귀한 음식은 종묘에 올리는데, 밤은 벼, 연어와 함께 8월(물론 음력이다)의 품목이다. 이 때쯤이면 흉년인지 아닌지 알 수 있기에 흉년에 대비한 밤 줍기는 나라의 행사가 되기도 한다. 태종 15년의 기록에 보면 왕이 병조에 전하기를 군인들을 귀농하게 하여 밤을 주우라고 했다. 또 세종 19년의 기록에는 산과 들을 불태우는 것을 금하는 것은 가난한 이들이 흉년에 밤과 상수리를 주워 생활하기 때문이라고 되어 있다.

밤은 또 많은 자손의 상징이기도 하다. 밤송이가 벌어진 것을 아람이라고 하는데, 가을에 나무마다 커다란 밤송이가 아람이 벌어지면서 송이마다 세 알, 혹은 네 알의 튼실한 밤이 알몸을 내보이면 보는 사람마다 절로 마음이 풍요로워진다. 그래서 결혼식 때면 폐백 자리에서 시부모들은 알밤처럼 튼실한 자식을 쑥쑥 낳으라고 며느리의 치마폭에 밤을 던져주었던 것이다. 며느리는 이 밤을 신방에 돌아와 먹어야 했다. 이렇게 밤과 밤나무는 우리 선조들의 생활 깊숙이 들어와 있다.

여기서 재미 삼아 다른 나라의 결혼풍습도 한번 살펴보자.

- 한국 – 밤과 대추. 한 나무에 알이 많아서 다산을 상징하기도 하지만 유래는 중국이다. 대추는 중국 발음에서 '짜오'인데, 루(일찍)를 상징하고 밤은 '리즈'라고 읽는데 立子(아들을 낳다)가 된다. 그래서 밤과 대추를 던지면 짜오리즈(早立子), 그러니까 아들을 일찍 낳으라는 비유가 된다. 여기서 왔다.

- 중국 - 결혼식 전에 거울을 예물로 보내는데, 거울을 받는 사람이 아들을 낳고 그 아들이 높은 벼슬에 오르기를 기원하는 데서 비롯되었다고 한다.
- 동남 아시아 - 역시 결혼식 때 곡식을 뿌리는 관습이 있다.
- 그리스 로마 - 결혼축제 때 호두를 던지는 풍습이 있는데 다산을 기원하고 사귀가 끼어들지 못하게 하는 주술의 뜻이었다. 그리스에서는 또 콘페티라는 사탕과자를 뿌려 다산을 기원했는데 오늘날에도 남아있고 요즘은 색종이로 대신하기도 한다.
- 유고슬라비아 - 곡식 중에서도 귀리를 뿌렸다.
- 고대 유대인 - 대추를 뿌렸다.
- 모로코의 유대인 - 계란을 던졌다.
- 이탈리아 - 신랑 신부는 가족친지들과 사진촬영을 한 다음 친구와 친지들이 뿌려주는 쌀이나 사탕세례를 받게 되는데 역시 다산과 부귀를 기원하는 뜻이다.
- 일본 - 정력을 왕성히 해서 자식을 많이 나으라고 연밥요리를 준다고 한다.
- 프랑스 - 성당에서 나올 때는 하객들이 신랑, 신부를 향해 다산을 기원하며 쌀을 던져준다.
- 미국 - 쌀을 뿌린다. 어느 글에 보니까 대학생들은 TV를 함께 보다가 결혼식 장면이 나오면 쌀을 뿌리며 법석을 떨기도 한단다. 프랑스 문화에 은근히 사대적인 미국인들이 프랑스 풍습에서 배웠을 수도 있다.

전국적으로 율치栗峙, 혹은 밤재라는 지역이 많은데 모두 밤나무가 나는 곳들이다. 정부종합청사가 있는 경기도 과천시 지역이 신라 때 율진군이란 이름을 갖고 있었던 것도 밤나무가 많았기 때문이다.

단단한 밤나무도 다양하게 사용되었는데 제사를 지낼 때 쓰는 신주(神主. 죽은 사람의 위를 모시는 나무패)는 중국 주나라 시대부터 늘 밤나무를 사용했고, 거문고나 향비파 등의 우리 고유 악기들은 밤나무로 공명통의 뒷면을 만들었다. ≪산림경제≫라는 책에는 문설주를 밤나무로 만들어야 도둑이 들지 않는다고 되어있다. 마을 어귀에 세워진 장승도 소나무가 아니면 밤나무였고, 지게의 가로지른 세장도 밤나무로 만든다. 고구려 장수왕 무렵에 만들어져 우리 역사에서 가장 오래된 나무 다리로 최근에 발견된 평양 대동강의 다리도 밤나무를 사용했다. 심지어 가지가 단단하다는 이유로 많은 이들이 목매달 때 밤나무를 이용해, 열녀 열부들의 이야기에는 밤나무가 자주 등장하고 있다.

굵기가 배만한 밤

밤나무는 아시아에서 유럽에 걸쳐 온대지방에 넓게 분포한다. 대개의 과실나무들이 재배조건이 까다로운 데 비해 밤은 산간비탈에서도 저절로 자랄 정도로 생명력이 강하다.

우리나라에서는 전통적으로 평양 이북은 중국계 품종이 많았고, 남한 지방은 재래종을 키웠다. 그런데 특이한 것은 한반도에서 나는 밤이 유난히 컸다는 기록들이다. 예를 들면 ≪삼국유사≫에 보면 원효대사의 어머니가 밤나무 밑을 지나다 원효를 낳았는데, 그 나무의 밤이 어찌나 큰지 한 바리(소나 말의 등에 잔뜩 실은 짐을 세는 말)에 밤 한 개를 넣으면 꽉 찼다는 것이다. 이 정도 크기라면 기네스북에도 오를 수 있을 것이다.

원효대사의 이야기는 비록 설화라고 치부할 수 있지만 중국의 ≪삼국지≫ 위지 동이전에는 마한 지역의 밤은 굵기가 배만하다고 되어 있고, ≪수서隋書≫나 ≪북사北史≫에도 특별히 백제의 밤이 크다고 기록하고 있으며, ≪시경≫에는 왜와 한韓의 밤이 달걀만하다는 이야기를 전한다. 백제지방은 분명 한국 재래종 밤을 재배했던 지역이라고 볼 때 고대의 한국 밤은 굉장한 크기를 가지고 있었음을 미루어 짐작할 수 있다.

재래종 밤이 예부터 크기로 명성을 떨친 반면 맛으로 이름난 것은 중국계 함종밤이었다. 함종은 지명인데 평안남도 남서부 해안지방으로 지금은 강서군에 편입되어 있다. 함종 밤의 유래를 보면 옛날 중국의 난파선 하나가 이곳에 닿았는데 그 배에 작지만 맛이 좋은 밤이 있어 이 지역에 널리 심기 시작했다고 한다. 함종 밤은 밤송이 가시가 짧고 밤알도 작다. 재래종 밤과 달리 밤껍질이 얇고 색깔도 진한 붉은색이 섞여 있으며, 내피가 껍질에서 잘 떨어져 군밤으로 그만이다. 일제시대의 수많은 군밤장수들이 가장 크게 소리쳐 손님을 모았던 것이 바로 이 함종밤이다.

밤을 아껴왔던 역사도 만만치않다.

땔감 없이는 겨울을 날 수 없는 기후 때문에 고대로부터 산림 남벌은

왕조의 골칫거리였는데, 밤나무만큼은 백성들도 스스로 베지 않았다. 고려나 조선의 왕실은 때때로 밤나무 식재를 권장하고 밤나무를 벤 자는 크게 벌을 주었다. 영조 임금은 특별히 관리를 임명해 전국을 돌며 밤나무 산지를 조사시키기도 하였다. 성종 때 만들어진 법전인 《속대전》에 따르면 밤을 생산하는 농가에게는 국가에 제공하는 부역을 면제시켜주었다.

밤은 구워먹어야 제값을 한다

《동의보감》에는 밤이 과실 중 가장 몸에 좋고, 특히 뜨거운 잿불에 진이 날 정도로 구워서 먹어야 한다고 되어 있다. 그래선지 이런 이야기가 전하고 있다.

어느 집 며느리가 시어머니와 사이가 무척 안 좋았다. 며느리 처지에 평등한 관계에서의 다툼일 리는 없고, 시어머니의 며느리 구박이 보통이 아니었을 터이다. 참다 못한 며느리가 의원을 찾아갔다. 눈물을 흘리며 사정 설명을 하고는 시어머니를 빨리 돌아가시게 할 수 있는 약방문을 달라고 애원했다. 이야기를 듣고 난 의원은 이렇게 말했다.

"약은 따로 필요 없고 매일 아침 저녁으로 밤을 구워드려라."

며느리는 의아했지만 아무튼 믿고 돌아와 매일같이 밤을 구워서 시어머니에게 주었다. 그런데 시어머니는 그 밤이 어떤 염원을 담고 있는 것인지도 모른 채 받아먹으면서 며느리를 기특하게 여겼다. 게다가 아침 저녁으로 군밤을 먹으니 몸도 건강해지는 게 아닌가. 그때부터 시어머니의 며느리 구박은 점차 줄어들기 시작하더니 안 하던 부엌일도 도와주고 며느리를 귀여워해주기 시작하였다. 이렇게 되자 둘 사이의 관계도 좋아져 며느리는 다시 의원을 찾아가 이렇게 말했다.

"의원님, 우리 시어머니가 제발 오래 살게 해주십시오."

그러자 의원은 웃으며 말했다.

"내 그럴 줄 알았네. 지금처럼 계속 밤을 구워드리게."

≪동의보감≫뿐만 아니라 중국의 의서인 ≪본초강목≫에도 생밤이나 찐밤보다는 군밤이나 기름에 튀긴 것이 몸에 좋다고 되어 있다. 특히 잿불에 구워 진이 나온 다음 먹는 것이 좋다고 강조하고 있으니 밤 중에는 군밤이 제일인 것 같다. 그리고 밤을 말릴 때는 햇볕에 내놓는 것보다 바람에 의해 서서히 말리는 것을 더 좋게 친다.

밤 성분의 34.5%는 탄수화물이어서 과실 중에서 구황식품으로 이만한 것이 없다. 또 비타민 B_1이 쌀의 4배고, 비타민 C는 과일을 제외한 과실 중 최고 함량을 갖고 있다. 그래서 안줏감으로도 그만이다. 배탈이 나거나 설사가 났을 때는 군밤을 잘 씹어먹으면 낫는다고 하는데, 몸의 장기 중에서는 특히 신장에 특효를 보이는 것으로 알려져 있다.

재미있는 것은 밤껍질이다. ≪본초강목≫에도 밤껍질을 꿀에 재어 바르면 피부를 수축하게 해서 노인의 얼굴에 있는 주름살을 펴게 한다고 되어 있는데, 요즘에도 율피팩이라고 하여 밤껍질로 만드는 천연성분 화장품이 인기다.

밤으로 만든 음식

군밤장수들이 활약하던 일제시대 이전에는 밤으로 만든 요리가 훨씬 더 다양했던 것 같다. 밤밥, 밤죽, 밤국수, 밤묵, 주악, 밤편, 밤다식, 밤조림 등 다양한 밤요리가 조상들의 식성을 채워주었다.

가장 오래된 요리는 아무래도 밤밥. 밥에 밤과 대추를 넣어 만든 약밥이 삼국시대부터 있어왔으니 그 무렵에 밤밥을 해먹었을 것으로 추측할 수 있다. 밤밥은 따로 조리법이 필요하지 않은 간단한 음식이다. 반면 밤죽은 조선시대의 여러 문헌에 조리법이 전한다. 쌀가루로 쑤던 죽에 약 2대 1의 비율로 밤가루를 넣어 푹 끓여서 만드는 것이 밤죽인데, 요즘처럼 전문 이유식이 없던 때의 이유식으로 각광을 받았다. 젖이 부족할 때도 밥물에 밤가루를 풀어 끓여 먹이기도 했다.

밤으로 만든 묵의 특징은 매끄럽고 비린내가 없는 것이 특징이다. 그리고 요즘 밤산지에서 가장 잘 팔리는 것은 밤국수인데, 새롭게 개발한 음식처럼 아는 분도 있지만 사실은 조선 후기부터 즐겨 먹던 것이다. 밤국수를 만들 때는 완전히 말린 밤을 제분기에 넣어 가루로 만든 다음, 여기에 밀가루를 약간 섞어 반죽하여 국수를 뽑는다. 밤의 구수하고 달콤한 맛에다 양분까지 풍부하니 가을철 별미로 이만한 것도 드물다.

밤 이야기를 하다 보니 같은 참나무과 나무의 열매지만 밤에 비해 푸대접을 받아온 도토리를 떠올리지 않을 수 없다. 떫은 맛 때문에 날것으로는 먹을 수 없었기에 고려시대에는 '돝의 밤', 즉 돼지의 밤이라고 부르기도 했던 도토리. 밤알 떨어진 건 보는 사람마다 주워가지만 도토리는 그대로 산에 남는다. 그래도 밤과 더불어 도토리가 없었다면 가을산도 얼마간 황량했을 터이다.

　그나저나 올 가을엔 도기 그릇에 밤을 한번 보관해봐야겠다. 때로는 나이 한 살 더 먹은 여름도 기다려볼 필요가 있지 않을까?

집집마다 물맛이 달랐던 시대

요즘 사람들도 수돗물 맛과 약수터 물맛은 구별할 수는 있으리라. 하지만 우리 집 물맛, 우리 동네 물맛도 구분할 수 있을까? 세계 각국의 온갖 화려한 요리와 각종 조미료, 향신료에 길들여진 혀 때문에 정작 그 맛의 뿌리인 물맛을 감지하는 능력은 사라진 것이 아닐까? 제대로 먹고 마시려면 물맛부터 알아야 하지 않을까?

신라의 삼국통일에 공을 세운 김유신 장군(595~673년)에 관한 일화가 있다. 가야 출신으로 신라의 막강한 귀족들 틈바구니에서 살아남아야 했던 그는 스스로에 대한 엄격함이 남달랐다. 50세에 상장군이 되어 백제를 쳐 몇 개의 성을 빼앗고 이듬해 정월에 돌아왔지만, 백제가 다시 침공한다는 소식에 왕명을 받고 집에 들르지도 못한 채 다시 출정하여 적을 크게 격파했다. 3월에 돌아와 이제야 집으로 가는 중이었다. 하지만 또다시 전해진 백제의 침공 소식. 왕은 '청컨대, 공은 수고롭겠지만 이를 방비하라'는 명을 내렸다. 장군은 결국 군사를 이끌고 집 앞을 지나가면서, 오랫동안 못 보았던 가족들 모두 대문 밖에 나와있음에도 거들떠보지도 않은 채 집 앞을 지나쳤다. 50걸음쯤 갔을까? 장군은 문득

걸음을 멈추더니 종자를 시켜 집에 가서 물을 떠오라 이른다. 그 물을 맛있게 마시더니, "우리 집 물맛이 예전 그대로구나!" 하고는 그길로 전쟁터로 떠나고 만다. 집집마다 물맛이 달랐던 시대엔 물 한 모금만으로도 이렇게 집안의 평안을 감지할 수 있었던 것이다(김유신 장군 댁의 우물인 '재매정財買井'은 지금도 경주에 가면 만날 수 있다).

조선의 물맛

아마도 나이 드신 분들은 고향의 물맛을 기억할는지 모르겠다. 김유신 장군 댁이야 18만여 호의 서라벌 집 가운데서도 금입택(金入宅. 부유층의 대저택) 35채의 하나로 꼽힐 정도였으니 가족우물이 있었을 테지만 대개는 마을 공동우물이 하나, 혹은 두세 개가 있었다.

남부지방에서는 땅에서 물이 솟아나오는 곳은 어디나 샘이라고 부른다. 반면 중부 이북 지역에서는 집 안에 있거나 물이 깊어 두레박으로 뜨는 것을 따로이 우물이라고 부르고, 여러 사람이 쓰되 앉아서 뜨는 것을 샘이라고 불렀다(이하 '샘'으로 통일한다).

그런데 이 샘들은 마을마다 다른 물맛을 지니고 있었다. 동네마다 맛이 다른 음료수라고나 할까?

그것은 물이 나오는 지형과 관련이 있다. 바위가 많은 지역, 흙이 많은 지역, 흙이 많더라도 어떤 흙이 주요 성분인가에 따라 물맛이 다 제각각이었다. 그래서 맛 좋은 물이 나는 마을 공동샘이 있으면 샘굿을 했다. 음력 정월 물의 신이 내려온다는 날 밤, 샘 가에 제물을 차려놓고 각집마다 호주가 나와 지폐를 불사르며 '올해도 물맛이 변하지 않게 해줍시사' 절을 올렸던 것이다.

과학적으로 따져보자면 우리가 맛 좋다고 느끼는 물은 칼슘, 칼륨, 규산이 적당히 들어있고 산소와 탄산가스가 충분히 녹아있는 물이다. 아무리 맛있는 물이라도 끓이면 네 맛도 내 맛도 없어지는데, 산소와 탄산가스가 날아가 버리기 때문이다. 또 맛있는 물의 절대적 조건이 하나 있으니 냄새가 나지 말아야 한다는 것이다. 후각은 미각보다 민감해서 맛을 보기도 전에 물맛을 결정해버리기 때문이다.

충주에 가면 달래강이 있다. 고려말에 탐라국(제주도)을 고려에 영구히 귀속시킨 경력의 이행(李行. 1352~1432)이란 사람이 조선 제일의 물맛이라고 극찬했던 강이다. 그런데 이 물맛은 그 후로도 수백 년 동안 지켜진 모양이다. 임진왜란 때 조선을 구원한 명군을 이끌고 온 장수들이 이 달래강을 건너다 목이 말라 물맛을 본 뒤, '이 물은 명나라 여산의 수렴약수보다 낫다'고 했단다. 여산(驪山. 중국명 리산산)이라 하면 진시황이 70만을 동원해 자기 무덤을 짓고, 당나라 현종이 양귀비와 함께 놀기 위해 온천궁을 지었던 곳이다. 강물이 그런 명산의 약수보다 낫다니 어지간히 맛있는 물이었나 본데, 지난 2002년에는 여기에 달천댐을 짓는다 하여 '청정 달래강 지키기 운동'도 벌어졌다.

아무튼 물맛을 '마시는 맛'의 으뜸으로 여겼던 선조들은 물맛 따지기를 게을리하지 않아서 어떤 음료, 혹은 술을 평가할 때마다 그 고장의 '물맛이 좋아서'라는 토를 달곤 했다. 예컨대 조선시대의 고급 명주였던 삼해주를 평가하는 때에 '서울 마포의 동막 근처가 물맛이 좋아 명산지'라는 식이었던 것이다.

마음으로 먹는 물

과학적으로 볼 때 물은 생명의 근원이었다. 45억 년 전 태어난 지구엔 아무런 생명체도 없었지만, 38억 년 전쯤 뜨거운 바다가 생기고 차츰 식으면서 오랜 세월을 거쳐 거기서 최초의 생물이라고 할 '원시생명'이 태어났다. 문화적으로 보아도 지구상의 그 어떤 문화권도 물을 우습게 여기는 곳은 없다. 태양이 뜨거운 바빌로니아에서는 달의 여신이자 샘과 이슬의 신인 이슈타르를 숭배했다. 멕시코 아스테크 신화에서는 주신主神인 케찰코아틀이 태양의 나라로 항해해 가다가 '불멸의 물'을 마신다. 그리스인들은 신성한 샘에다 올림푸스 신들의 성상을 가져다놓고 성소聖所로 섬겼다.

우리 조상들에게도 물은 '생명의 태胎'였다. 모든 탄생을 거슬러 올라가 거기에 물이 있었고, 그래서 물을 숭배했다.

물에 대한 고대 한국인의 숭배는 시조설화에 고스란히 나타난다. 나정蘿井이란 샘 옆에서 알을 깨고 나온 신라의 박혁거세는 동천東泉에서 몸을 씻는다. 그의 왕비 알영은 알영정閼英井에서 났다. 고구려 동명왕의 어머니 유화는 웅심연熊心淵이라는 연못 출신이다. 고려 왕건의 할머니 용녀는 개성대정開城大井이란 샘에서 용이 낳았다. 이 신화들에서 샘들은 용궁으로 가는 출입구였다.

샘이나 우물의 지배자였던 물의 여신은 '물할미'다. 알영이나 용녀 역시 물할미라고 볼 수 있다. 조상들에게 물할미는 생명의 여신이었다. 전통 풍속에 정월 대보름날 우물에 떠있는 달그림자를 용란龍卵이라 하여 그것을 떠먹으면 아기를 가질 수 있다는 것 역시 물할미의 생명성에 기초하고 있다.

생명의 물은 어떻게 마시는가?

맑디맑은 물을 먼저 고른다. 그래서 고르는 눈이 발달했다.

산마루 높은 곳에서 솟는 샘물은 맑고 가벼우며, 산 아래의 것은 맑고 무겁다. 흙 속에서 나는 샘물은 맑지만 희고, 모래틈의 그것은 맑되 차가우며, 돌틈의 샘물은 맑고 달다. 누런 돌 사이로 흐르는 물은 마실 수 있지만 푸른 돌틈의 물은 못 먹는다. 햇볕을 쬐는 물보다 그늘 속의 물이 향기로우며, 고여있는 물보다는 흐르는 물이 좋다. 우리나라 다도의 시조인 초의선사(1786~1866)는 좋은 물의 8가지 덕목으로 가볍고, 맑고, 차고, 부드럽고, 아름답고, 냄새가 없고, 비위에 맞고, 탈이 없어야 한다고 했다.

좋은 물에는 이름도 붙여주었다.

서울 북악산의 오른쪽 우백호인 인왕산 줄기의 물은 백호수, 좌청룡인 삼청동 뒷산의 개울물은 청룡수, 남산에서 흐르는 건 주작수다. 장 담그는 데 청룡수, 약 달이는 데 백호수, 머리 감는 데 주작수를 썼다. 또 달래강물 다음이라던 한강의 우중수(牛重水. 오대산에서 내려온 한강의 물줄기)는 왕실에서 즐기는 물이었고 보통의 물보다 세 배나 비쌌다고 한다.

그러나 무엇보다 생명의 물을 마시는 데는 정성이 제일이었다. 의성 허준은 좋은 물을 33가지로 구분하면서 그중 첫째로 정화수井華水를 꼽았다. 정화수란 새벽에 처음으로 길어온 우물물이다. 여기에는 하늘의 정기가 몰려있다고 했다.

그러나 그것보다 정화수에는 맑은 마음, 정성을 다하는 마음으로서의 신앙이 담겼다는 점을 주목해야 한다. 정화수는 떠다놓고 비는 '신의 물'이다. 이 때의 신은 샘의 근원을 거슬러올라 다가갈 수 있는 생명의 모태이고, 비는 이의 마음속에 자리잡은 구원의 해결사다.

우리 조상들에게 물은 맛으로 먹는 음료이자 마음으로 먹는 신앙이었던 것이다.

살아있는 물

1991년 이후 미국인들이 가장 많이 수입한 음료는 맥주도 우유도 커피도 아닌 물이었다. 금수강산의 맑고 단 물이 나는 우리로서는 물은 수입하지 않아도 되니 정말 다행인 일이다. 신토불이라고 하지만 물만한 신토불이가 또 있겠는가?

그런데 재미있는 것은 억지로 전기분해를 하지 않는 한 물은 언제나 'H$_2$O'라는 사실이다. 하늘에서 온 비가 강물을 따라 바다로 흘러가면 경우에 따라 태평양 바다 밑에서 4천 년쯤 묵기도 한다. 지금 맞은 봄비가 4천 년이나 태평양 밑에서 묵었던 그 물방울일 수 있다. 그래도 그

물은 H2O다. 다만 여기에 어떤 미네랄 성분이 들었는지, 어떤 다른 성분이 들었는지에 따라 좋은 물, 맛있는 물, 몸에 좋은 물이 달라질 뿐이다.

그런데 몇 년 전 재미있는 연구결과가 발표되었다. 물의 결정이 주변 환경에 반응한다는 것이다.

똑같은 수원에서 난 물을 두 컵에 나눠 담고 한쪽 물에다가는 '사랑한다'고 말하고, 다른 쪽 물에는 '죽여버릴 거야'라고 말한 다음 사진을 찍었다(에모토 마사루. ≪물은 답을 알고 있다≫). 그랬더니 사랑한다는 말을 들은 물은 아름다운 육각수 모양을 띤 반면, 죽여버리겠다는 말을 들은 물은 결정을 이루지 못한 채 산산이 흩어졌다는 것이다.

진짜로 그럴까? 그렇다면 스스로 사랑한다고 말하면 내 몸 안의 물들도 아름다운 모양을 띠는 것일까?

초의선사는 '한 잔의 차를 마시며 법열을 느낀다'고 말했다. 그의 몸 안에 들어간 물은 또 어떤 모양새를 가질까? 나도 그렇게, 그런 마음으로 물을 마시고 싶다.